| 大家小辑 |

给一个青年诗人的十封信

[奥]莱内·马利亚·里尔克　著
冯至　译

北京出版集团公司
北 京 出 版 社

图书在版编目（CIP）数据

给一个青年诗人的十封信 /（奥）莱内·马利亚·里尔克著；冯至译 . — 北京：北京出版社，2019.10

（大家小辑）

ISBN 978-7-200-14432-1

Ⅰ. ①给… Ⅱ. ①莱… ②冯… Ⅲ. ①里尔克（Rilke, Rainer Maria 1875-1926)—书信集 Ⅳ. ① K835. 215. 6

中国版本图书馆 CIP 数据核字 (2018) 第 217658 号

出 品 人：安　东　高立志
策划编辑：高立志　王忠波
责任编辑：王忠波　向　雳
项目统筹：孔伊南
特约编辑：陈　轩　马志燕
装帧设计：泽　丹
责任印制：陈冬梅

·大家小辑·

给一个青年诗人的十封信

GEI YI GE QINGNIAN SHIREN DE SHI FENGXIN

[奥]莱内·马利亚·里尔克　著

冯至　译

出　　版：北京出版集团公司
　　　　　北京出版社
地　　址：北京北三环中路 6 号
邮　　编：100120
网　　址：www.bph.com.cn
总 发 行：北京出版集团公司
印　　刷：北京华联印刷有限公司
经　　销：新华书店
开　　本：787 毫米 × 1092 毫米　1/32　　印　　张：5.5　　字　　数：62 千字
版　　次：2019 年 10 月第 1 版　　印　　次：2019 年 10 月第 1 次印刷
书　　号：ISBN 978-7-200-14432-1
定　　价：48.00 元

图书策划　活字文化 Moveable Type

美丽的海德贝格

冯至初到德国海德贝格

冯至在涅卡河畔

冯至与徐诗荃

冯至的老师宫多尔夫教授

冯至将“十封信”译稿寄给杨晦，
在他主编的报刊上发表

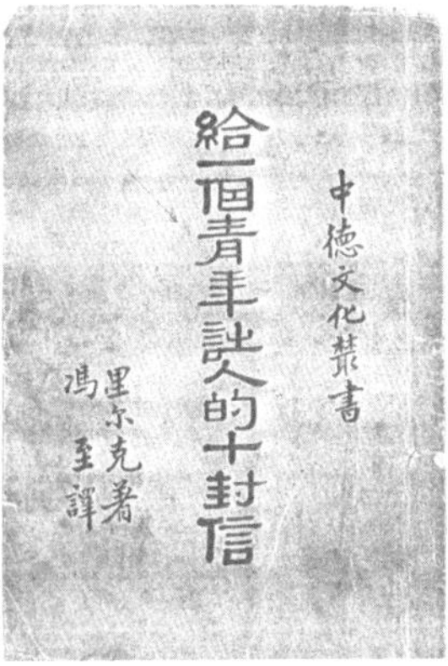

“十封信”1938年商务印书馆初版本

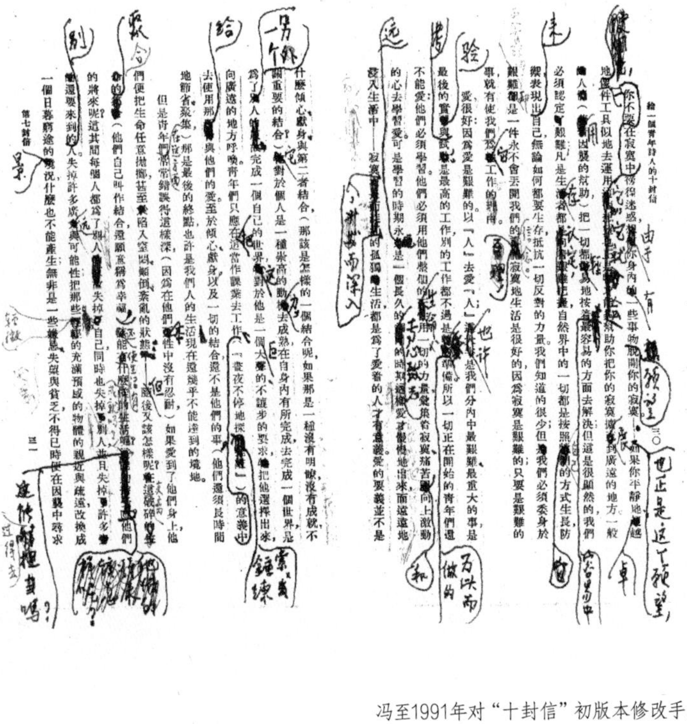

冯至1991年对“十封信”初版本修改手迹

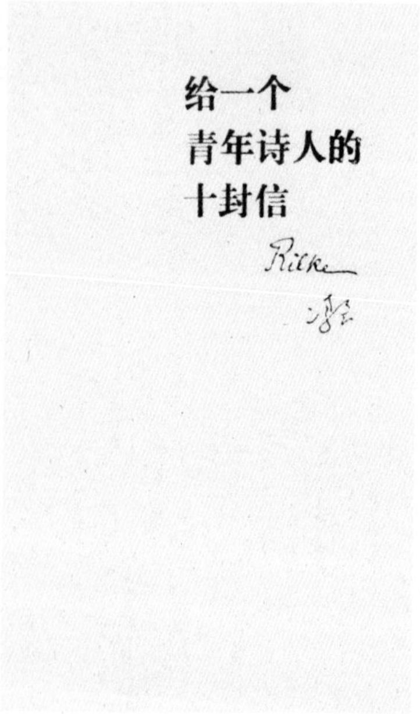

《给一个青年诗人的十封信》，1994年三联书店版

《给青年诗人的信》，2004年台湾版

TSCHENG-DSCHE FENG

Die Analogie von Natur
und Geist als Stilprinzip
in Novalis' Dichtung

Heidelberg 1935

冯至博士论文
《自然与精神的类比——诺瓦利斯的文体原则》

1933年6月，冯至、姚可崑在德国订婚

1833年冯至拜访官多尔夫夫人，
夫人将自己拍摄的里尔克在瑞士照片相赠

1901年，里尔克与妻子克拉拉·韦斯特霍弗

约1919年，里尔克在瑞士尼翁

1926年，里尔克在瑞士谢尔附近的慕佐古堡

目 录

译者序

这十封信是莱内·马利亚·里尔克在他三十岁左右时写给一个青年诗人的。里尔克除却他诗人的天职外，还是一个永不疲倦的书简家；他一生写过无数比这十封更亲切、更美的信。但是这十封信却浑然天成，无形中自有首尾；向着青年说得最多。里边他论到诗和艺术，论到两性的爱，严肃和冷嘲，悲哀和怀疑，论到生活和职业的艰难——这都是青年人心里时常起伏的问题。

人们爱把青年比作春，这比喻是正确的。可是彼此的相似点与其说是青年人的晴朗有如春阳的明丽，倒不如从另一方面看，青年人的愁苦、青年人的生长，更像那在阴云暗淡的风里、雨里、寒里演变着的春。因为后者比前者更漫长、沉重而更有意义。我时常在任何一个青年的面前，便联想起荷兰画家凡诃[1]的一幅题作《春》的画：那幅画背景是几所矮小、狭窄的房屋，中央立着一棵桃树或杏树，杈桠的枝干上寂寞地开着几朵粉红色的花。我想，这棵树是经过了长期的风雨，如今还在忍受着春寒，四围是一个穷乏的世界，在枝干内却流动着生命的汁浆。这是一个真实的、没有夸耀的春天！青年人又何尝不是这样呢，生命无时不需要生长，而外边却不永远是日光和温暖的风。他们要担当许多的寒冷和无情、淡漠和误解。

他们一切都充满了新鲜的生气，而社会的习俗却是腐旧的，腐旧得像是洗染了许多遍的衣衫。他们觉得内心和外界无法协调，处处受着限制，同时又不能像植物似的那样沉默，他们要向人告诉，——他们寻找能够听取他们的话的人，他们寻

1 Vincent Van Gogh（1853—1890），荷兰画家；今译凡·高。

找能从他们表现力不很充足的话里体会出他们的本意而给以解答的过来人。在这样的寻找中几乎是一百个青年有一百个失望了。但是有一人，本来是一时的兴会，写出一封抒发自己内心状况的信，寄给一个不相识的诗人，那诗人读完了信有所会心，想起自己的青少年时代，仿佛在抚摩他过去身上的痕迹，随即来一封，回答一封，对于每个问题都给一个精辟的回答和分析。——同时他却一再声明，人人都要自己料理，旁人是很难给以一些帮助的。

可是他告诉我们，人到世上来，是艰难而孤单。一个个的人在世上好似园里的那些并排着的树。枝枝叶叶也许有些呼应吧，但是它们的根，它们盘结在地下摄取营养的根却各不相干，又沉静，又孤单。人每每为了无谓的喧嚣，忘却生命的根蒂，不能在寂寞中、在对于草木鸟兽（它们和我们一样都是生物）的观察中体验一些生的意义，只在人生的表面上永远往下滑过去。这样，自然无所谓艰难，也无所谓孤单，只是隐瞒和欺骗。欺骗和隐瞒的工具，里尔克告诉我们说，是社会的习俗。人在遇见了艰难，遇见了恐怖，遇见了严重的事物而无法应付时，便会躲在习俗的下边去求它的庇护。它成了人们的避难所，却不是安身立命的地方。——谁若是要真实地生活，就必须脱离开现成的习俗，自己独立成为一个生存者，担当生活上种种的问题，和我们的始祖所担当过的一样，不能容有一些儿代替。

在这几封信里，处处流露着这种意义，使读者最受感动。当我于一九三一年的春天，第一次读到这一小册书信时，觉得字字都好似从自己心里流出来，又流回到自己的心里，感到一种满足，一种兴奋，禁不住读完一封信，便翻译一封，为的是寄给不能读德文的远方的朋友。如今已经过了六年，原书不知又重版多少次，而我的译稿则在行箧内睡了几年觉，始终没有印成书。现在我把它取出来，略加修改付印，仍然是献给不能读德文原文的朋友。后边附录一篇里尔克的散文《论“山水”》。这篇短文内容丰富，在我看来，是抵得住一部艺术学者的专著的。我尤其喜欢那文里最末的一段话，因为读者自然会读到，恕我不在这里抄引了。

关于里尔克的一生和他的著作，不能在这短短的序中有所叙述。去年他去世十周年纪念时，上海的《新诗》月刊第一卷第三期，曾为他出一特辑，读者可以参看。他的作品有一部分已由卞之琳、梁宗岱、冯至译成中文，散见《沉钟》半月刊、《华胥社论文集》、《新诗》月刊、《大公报》的《文艺》和《艺术周刊》中。

至于收信人的身世，我知道得很少，大半正如他的《引言》上所说的一样，后来生活把他“赶入了正是诗人的温暖、和蔼而多情的关怀”所为他“防护的境地”了。

冯至

一九三七年五月一日

重印前言

这本小书[2]译于一九三一年，到现在已经整整六十年。那时我为什么翻译它，在一九三七年写的《译者序》里已经做了交代，这里不再重复。它于一九三八年由商务印书馆出版，正是抗日战争第二年，印数不多，流传不广，我收到几本样书，当时分赠友人，自己只留下一本。但它给我留下一些值得记念的回忆。

一九三九年我到昆明不久，就在《云南日报》上读到一篇关于这本书比较深入的评论，过些时我才知道作者王逊是一位年轻的美术研究者，在云

2 《给青年诗人的信》(*Briefe an einen jungen Dichter*)，初版于一九二九年。冯至译本《给一个青年诗人的十封信》，一九三八年在上海出版；一九九四年由北京生活·读书·新知三联书店重排再版，此文为其时出版前言。

南大学教书，不久我们便成为常常交往的朋友（不幸他于六十年代在北京逝世了）。一九四六年我回到北平，听说某中学的一位国文教师，很欣赏这本书，曾一度把它当作教材在课堂上讲授。很遗憾，我并没有得到机会认识他。最使我感动的，是友人杨业治在昆明生活极为困难的时期，曾将此书与原文仔细对照，他发现几处翻译的错误，提出不少中肯的修改意见，写在十页长短不齐的土纸条上交给我。这些又薄又脆的纸条我保留至今，但字迹已模糊，用放大镜才能看得清楚。五十年代，我在仅仅留存的那一本书上边，把译文校改过一次。不料十年浩劫，校改本被人抄走，一去不回。

这些年来，先是绿原同志，后是沈昌文同志，他们都找到原书，各自以复印本相赠，同时舒雨同志读到这本书，对译文也提了一些意见；我得以在复印本上再一次从头至尾进行修改，在这里我谨向他们表示衷心的感谢。这次修改，改正了一些错漏，填补了几处漏译，词句间作了不少改动，但仍不免有六十年前文体的痕迹。

经过六十年的岁月，这本书的内容有些地方我已不尽同意，校改也只认为是一个应尽的责任，不再有《译者序》里所说的那种激情。惟念及里尔克写这些信时，正是他在巴黎与罗丹接触后思想发生变化、创作旺盛的时期；对于我一向尊敬的、一个在诗的历史上有重大贡献的诗人，正如收信人引言中所说，这些信“为了理解里尔克所生活所创造的世界是重要的，为了今日和明天许多生长者和完成者也是重要的”。

关于收信人的身世，我在《译者序》中曾说，“知道得很少”。现从里尔克的《书信选》（一九八〇年）“收信人索引”中得知卡卜斯生于一八八三年，是作家，曾任奥地利军官，一九六六年还住在柏林。——想他现在早已逝世了。

这次重印，附录除原有《论“山水”》外，另增摘译《马尔特·劳利兹·布里格随笔》中的两段。

《论“山水”》写于第一封信的前一年，即一九〇二年，本来拟作为作者一九〇三年出版的《渥尔卜斯威德画派》一书的序言，但没有采用，直到一九三二年才作为遗稿发表。《马尔特·劳利兹·布里格随笔》是里尔克的一部长篇小说，从一九〇四年起始写，一九一〇年完成。这里摘译的两段反映了作者一九〇二年初到巴黎时生活和思想的情况。这两个“附录”都是译者译完了“十封信”后在一九三二年翻译的，曾先后在《沉钟》半月刊上发表过。

冯至

一九九一年十二月四日

引　言

一九〇二年的深秋——我在维也纳新城陆军学校的校园里，坐在古老的栗树下读着一本书。我读时是这样专心，几乎没有注意到，那位在我们学校中唯一不是军官的教授、博学而慈祥的校内牧师荷拉捷克[3]是怎样走近我的身边。他从我的手里取去那本书，看看封面，摇摇头。"莱内·马利亚·里尔克的诗？"他深思着问。随后他翻了几页，读了几行，望着远方出神。最后才点头说道："勒内·里尔克[4]从陆军学生变成一个诗人了。"

于是我知道一些关于这个瘦弱苍白的儿童的事，十五年前他的父母希望他将来做军官，把他送

3　Horaček。

4　里尔克少时名勒内（René）。

到圣坡尔腾[5]的陆军初级学校读书。那时荷拉捷克在那里当牧师，他还能清清楚楚想得起这个陆军学生。他说他是一个平静、严肃、天资很高的少年，喜欢寂寞，忍受着宿舍生活的压抑，四年后跟别的学生一齐升入梅里史·外司克尔心[6]地方的陆军高级中学。可是他的体格担受不起，于是他的父母把他从学校里召回，教他在故乡布拉格继续读书。此后他的生活是怎样发展，荷拉捷克就不知道了。

按照这一切很容易了解，这时我立即决定把我的诗的试作寄给莱内·马利亚·里尔克，请他批评。我还没有满二十岁，就逼近一种职业的门槛，我正觉得这职业与我的意趣相违，我希望，如果向旁人去寻求理解，就不如向这位《自庆》[7]的作者去寻求了。我无意中在寄诗时还附加一封信，信上自述是这样

---

5 Sankt-Pölten，奥地利古城。

6 Mäbrisch-Weisskirchen，位于捷克境内。

7 *Mir zur Feier*，里尔克早年诗集，一八九九年出版。

坦白，我在这以前和以后从不曾向第二个人做过。

几个星期过去，回信来了。信上印着巴黎的戳记，握在手里很沉重；从头至尾写着与信封上同样清晰美丽而固定的字体。于是我同莱内·马利亚·里尔克开始了不断的通讯，继续到一九〇八年才渐渐稀疏，因为生活把我赶入了正是诗人的温暖、和蔼而多情的关怀所为我防护的境地。

这些事并不关重要。重要的是下边的这十封信，为了理解里尔克所生活所创造的世界是重要的，为了今日和明天许多生长者和完成者也是重要的，一个伟大的人、旷百世而一遇的人说话的地方，小人物必须沉默。

弗兰斯·克萨危尔·卡卜斯[8]

一九二九年六月　柏林

8　Franz Xaver Kappus（1883—1966），奥地利军官，诗人。

第一封信

巴黎，一九〇三年二月十七日

尊敬的先生：

你的信前几天才转到我这里。我要感谢你信里博大而亲爱的信赖。此外我能做的事很少。我不能评论你的诗艺；因为每个批评的意图都离我太远。再没有比批评的文字那样同一件艺术品隔膜的了；同时总是演出来较多或较少的凑巧的误解。一切事物都不是像人们要我们相信的那样可理解而又说得出的；大多数的事件是不可言传的，它们完全在一个语言从未达到过的空间；可是比一切更不可言传的是艺术品，它们是神秘的生存，它们的生命在我们无常的生命之外赓续着。

我既然预先写出这样的意见，可是我还得向你说，你的诗没有自己的特点，自然暗中也静静地潜伏着向着个性发展的趋势。我感到这种情形最明显的是在最后一首《我的灵魂》里，这首诗字里行间显示出一些自己的东西。还有在那首优美的诗《给雷渥琶地[1]》里也洋溢着一种同这位伟大而寂寞的诗人精神上的契合。虽然如此，你的诗本身还不能算什么，还不是独立的，就是那最后的一首和《给雷渥琶地》也不是。我读你的诗感到有些不能明确说出的缺陷，可是你随诗寄来的亲切的信，却把这些缺陷无形中给我说明了。

你在信里问你的诗好不好。你问我。你从前也问过别人。你把它们寄给杂志。你把你的诗跟别人的比较；若是某些编辑部退回了你的试作，你就不安。那么(因为你允许我向你劝告)，我请你，把这一切放弃吧！你向外看，是你现在最不应该做的事。没有人能给你出主意，没有人能够帮助你。只

---

1 Giacomo Leopardi(1798—1837)，意大利诗人；今译莱奥帕尔迪。

有一个唯一的方法。请你走向内心。探索那叫你写的缘由，考察它的根是不是盘在你心的深处；你要坦白承认，万一你写不出来，是不是必得因此而死去。这是最重要的：在你夜深最寂静的时刻问问自己：我必须写吗？你要在自身内挖掘一个深的答复。若是这个答复表示同意，而你也能够以一种坚强、单纯的“我必须”来对答那个严肃的问题，那么，你就根据这个需要去建造你的生活吧；你的生活直到它最寻常最细琐的时刻，都必须是这个创造冲动的标志和证明。然后你接近自然。你要像一个原人似的练习去说你所见、所体验、所爱，以及所遗失的事物。不要写爱情诗；先要回避那些太流行、太普通的格式：它们是最难的；因为那里聚有大量好的或是一部分精美的流传下来的作品，从中再表现出自己的特点则需要一种巨大而熟练的力量。所以你躲开那些普遍的题材，而归依于你自己日常生活呈现给你的事物；你描写你的悲哀与愿望，流逝的思想与对于某一种美的信念——用深幽、寂静、谦虚的真诚描写这一切，用你周围的事物、梦中的图影、回忆中的对象表现自己。如果你觉得你的日常生活很贫乏，你不要抱怨它；还是怨你自己吧，怨你还不够作一个诗人来呼唤生活的宝藏；因为对于创造者没有贫乏，也没有贫瘠不关痛痒的地方。即使你自己是在一座监狱里，狱墙使人世间的喧嚣和你的官感隔离——你不还永远据有你的童年吗，这贵重的富丽的宝藏，回忆的宝库？你望那方面多多用心吧！试行拾捡起过去久已消沉了的动人的往事；你的个性将渐渐固定，你的寂寞将渐渐扩大，成为一所朦胧的住室，别人的喧扰只远远地从旁走过。——如果从这收视反听，从这向自己世界的深处产生出“诗”来，你一定不会再想问别人，这是不是好诗。你也不会再尝试让杂志去注意这些作品：因为你将在作品里看到你亲爱的天然产物，你生活的断片与声音。一件艺术品是好的，只要它是从“必要”里产生的。在它这样的根源里就含有对它的评判：别无他途。所以，尊敬的先生，除此以外我也没有别的劝告：走向内心，探索你生活发源的深处，在它的发源处你将会得到问题的答案，是不是“必须”的创造。它怎么说，你怎么接受，不必加以说明。它也许告诉你，你的职责是艺术家。那么你就接受这个命运，承担起它的重负和伟大，不要关心从外边来的报酬。因为创造者必须自己是一个完整的世界，在自身和自身所联接的自然界里得到一切。

但也许经过一番向自己、向寂寞的探索之后，你就断念作一个诗人了（那也够了，感到自己不写也能够生活时，就可以使我们决然不再去尝试）；就是这样，我向你所请求的反思也不是徒然的。无论如何，你的生活将从此寻得自己的道路，并且那该是良好、丰富、广阔的道路，我所愿望于你的比我所能说出的多得多。

我还应该向你说什么呢？我觉得一切都本其自然；归结我也只是这样劝你，静静地严肃地从你的发展中成长起来；没有比向外看和从外面等待回答会更严重地伤害你的发展了，你要知道，你的问题也许只是你最深的情感在你最微妙的时刻所能回答的。

我很高兴，在你的信里见到了荷拉捷克教授的名字；我对于这位亲切的学者怀有很大的敬意和多年不变的感激。请你替我向他致意；他至今还记得我，我实在引为荣幸。

你盛意寄给我的诗，现奉还。我再一次感谢你对我信赖的博大与忠诚；我本来是个陌生人，不能有所帮助，但我要通过这封本着良知写的忠实的回信报答你的信赖于万一。

以一切的忠诚与关怀：

莱内·马利亚·里尔克

第二封信

皮萨危阿雷觉[2]（意大利），

一九〇三年四月五日

请你原谅我，亲爱的、尊敬的先生，我直到今天才感谢地想到你二月二十四日的来信：这段时间我很苦恼，不是病，但是一种流行性感冒类的衰弱困扰我做什么事都没有力气。最后，这种现象一点也不变更，我才来到这曾经疗养过我一次的南方的海滨。但是我还未康复，写作还困难，你只得接受这封短信代替我更多的心意。

你自然必须知道，你的每封信都永远使我欢喜，可是你要宽恕我的回答，它也许对你没有什么帮助；因为在根本处，也正是在那最深奥、最重要

2 Viareggio，意大利托斯卡纳区卢卡省海滨城市，距Pisa（今译比萨）不远；今译维亚雷焦。

的事物上我们是无名地孤单；要是一个人能够对别人劝告，甚至帮助时，彼此间必须有许多事情实现了，完成了，一切事物必须有一个完整的安排，才会有一次的效验。

今天我只要向你谈两件事：第一是“暗嘲”[3]：

你不要让你被它支配，尤其是在创造力贫乏的时刻。在创造力丰富的时候你可以试行运用它，当作一种方法去理解人生。纯洁地用，它就是纯洁的，不必因为它而感到羞愧；如果你觉得你同它过于亲密，又怕同它的亲密日见增长，那么你就转向伟大、严肃的事物吧，在它们面前它会变得又渺小又可怜。寻求事物的深处：在深处暗嘲是走不下去的，——若是你把它引近伟大的边缘，你应该立即考量这个理解的方式（暗嘲）是不是发自你本性的一种需要。因为在严肃事物的影响下，如果它是偶

3 Ironie，一译“反讽”。

然发生的，它会脱离了你；如果它真是天生就属于你，它就会强固成为一个严正的工具，而列入你创作艺术的一些方法的行列中。

第二件我今天要向你说的是：

在我所有的书中只有少数的几本是不能离身的，有两部书甚至无论我走到哪里都在我的行囊里。此刻它们也在我的身边：一部是《圣经》，一部是丹麦伟大诗人茵斯·彼得·雅阔布生[4]的书。我忽然想起，不知你读过他的著作没有。这很容易买到，因为有一部分很好的翻译在雷克拉木万有文库[5]中出版。你去买他的《六篇短篇小说》和他的长篇《尼尔·律内》[6]。你先读前一本的第一篇《摩根斯》[7]。一个世界将要展现在你的面前，一个世界的

---

4 Jens Peter Jacobsen (1847—1885)，丹麦小说家、诗人。

5 Reclams Universal-Bibliothek，莱比锡雷克拉木出版社(Reclam Verlag)的文学丛书。

6 Niels Lyhne。

7 Mogens。

幸福、丰富、不可捉摸的伟大。请你在这两本书里体验一些时，学你以为值得学的事物，但最重要的是你要爱它们。这种爱将为你得到千千万万的回报，并且，无论你的生活取怎样的途径，——我确信它将穿过你的成长的丝纶，在你一切经验、失望与欢悦的线索中成为最重要的一条。

如果我应该说，从谁那里我体验到一些关于创作的本质以及它的深奥与它的永恒的意义，那么我只能说出两个名字：一个是雅阔布生，伟大的诗人；一个是奥古斯特·罗丹[8]，那在现存的艺术家中无人能与比拟的雕刻家。——

愿你前途一切成功！

你的：

莱内·马利亚·里尔克

---

8 Auguste Rodin（1840—1917），法国雕刻家；里尔克于一九〇二年赴巴黎拜访罗丹，于一九〇六年曾短期任其秘书。

第三封信

皮萨危阿雷觉（意大利），

一九〇三年四月二十三日

亲爱的、尊敬的先生，你复活节的来信给我许多欢喜；因为它告诉我许多关于你的好消息，并且像你对于雅阔布生伟大而可爱的艺术所抒发的意见也可以证明，我把你的生活和生活上的许多问题引到这丰富的世界里来，我并没有做错。

现在你该读《尼尔·律内》了，那是一部壮丽而深刻的书；越读越好像一切都在书中，从生命最轻妙的芬芳到它沉重的果实的厚味。这里没有一件事不能被我们去理解、领会、经验，以及在回忆的余韵中亲切地认识；没有一种体验是过于渺小的，就是很小的事件的开展都像是一个大的运命，并且这运命本身像是一块奇异的广大的织物，每条线都被一只无限温柔的手引来，排在另一条线的旁边，千百条互相持衡。你将要得到首次读这本书时的大幸福，通过无数意料不到的惊奇仿佛在一个新的梦里。可是我能够向你说，往后我们读这些书时永远是个惊讶者，它们永不能失去它们的魅力，连它们首次给予读者的童话的境界也不会失掉。

我们只在那些书中享受日深，感激日笃，观察更为明确而单纯，对于生的信仰更为深沉，在生活里也更幸福博大。

往后你要读那部叙述马丽·葛鲁伯夫人的运命与渴望的奇书[9]，还有雅阔布生的信札、日记、片断，最后还有他的诗（纵使是平庸的德文翻译），也自有不能磨灭的声韵（这时我要劝告你，遇机会时可以去买一部雅阔布生的全集，一切都在里边。共三册，译文很好，莱比锡外根·笛得利许[10]书店出

9 *Frau Marie Grubbe*，雅阔布生的长篇小说。

10 Eugen Diederichs，德国出版社。

版，每册据我所知只卖五六个马克）。

关于那篇非常细腻而精练的短篇小说《这里该有蔷薇……》，你对于作序者不同的意见实在很对。顺便我劝你尽可能少读审美批评的文字，——它们多半是一偏之见，已经枯僵在没有生命的硬化中，毫无意义；不然就是乖巧的卖弄笔墨，今天这派得势，明天又是相反的那派。艺术品都是源于无穷的寂寞，没有比批评更难望其边际的了。只有爱能够理解它们，把住它们，认识它们的价值。——面对每个这样的说明、评论或导言，你要相信你自己和你的感觉；万一你错误了，你内在的生命自然的成长会慢慢地随时使你认识你的错误，把你引到另外一条路上。让你的判断力静静地发展，发展跟每个进步一样，是深深地从内心出来，既不能强迫，也不能催促。一切都是时至才能产生。让每个印象与一种情感的萌芽在自身里、在暗中、在不能言说、不知不觉、个人理解所不能达到的地方完成。以深深的谦虚与忍耐去期待一个新的豁然贯通的时刻：这才是艺术的生活，无论是理解或是创造，都一样。

不能计算时间，年月都无效，就是十年有时也等于虚无。艺术家是：不算，不数；像树木似的成熟，不勉强挤它的汁液，满怀信心地立在春日的暴风雨中，也不担心后边没有夏天来到。夏天终归是会来的。但它只向着忍耐的人们走来；他们在这里，好像永恒总在他们面前，无忧无虑地寂静而广大。我天天学习，在我所感谢的痛苦中学习："忍耐"是一切!

谈到理洽特·德美尔[11]：他的书（同时也可以说他这个人，我泛泛地认识他），我觉得是这样，每逢我读到他的一页好诗时，我常常怕读到第二页，又把前边的一切破坏，将可爱之处变得索然无味。

11 Richard Dehmel（1863—1920），德国诗人。

你把他的性格刻画得很对："情欲地生活，情欲地创作。"——其实艺术家的体验是这样不可思议地接近于性的体验，接近于它的痛苦与它的快乐，这两种现象本来只是同一渴望与幸福的不同的形式。若是可以不说是"情欲"，——而说是"性"，是博大的、纯洁的、没有被教会的谬误所诋毁的意义中的"性"，那么他的艺术或者会很博大而永久地重要。他诗人的力是博大的坚强似一种原始的冲动，在他自身内有勇往直前的韵律爆发出来，像是从雄浑的山中。

但我觉得，这个力并不永远是完全直率的，不无装腔作态（这对于创造者实在是一个严峻的考验，他必须永远不曾意识到、不曾预感到他最好的美德，如果他要保持住那美德的自然而混元的境地）。现在这个鼓动着他的本性的力向性的方面进发，但是它却没有找到它所需要的那个纯洁的人。那里没有一个成熟而纯洁的性的世界，只有一个缺乏广泛的“人性”，而只限于“男性”的世界，充满了情欲、迷醉与不安，为男人旧日的成见与傲慢的心所累，使爱失却了本来的面目。因为他只是作为男人去爱，不是作为人去爱，所以在他的情的感觉中有一些狭窄、粗糙、仇恨、无常，没有永久性的成分存在，减低艺术的价值，使艺术支离晦涩。这样的艺术不会没有污点，它被时代与情欲所渲染，很少能持续存在(多数的艺术却都是这样)。虽然，我们也可以享受其中一些卓绝的地方，可是不要沉溺失迷，变成德美尔世界中的信徒；他的世界是这样无穷地烦恼，充满了奸情、迷乱，同真实的运命距离太远了；真实的运命比起这些暂时的忧郁使人更多地担受痛苦，但也给人以更多的机会走向伟大，更多的勇气向着永恒。

最后关于我的书，我很愿意送你一整份你所喜欢的。但我很穷，并且我的书一出版就不属于我了。我自己不能买，虽然我常常想赠给能够对于我的书表示爱好的人们。

所以我在另纸上写给你我最近出版的书名和出版的书局（只限于最近的；若是算上从前的共有十二三种），亲爱的先生，我把这书单给你，遇机会时你任意订购好了。

我愿意我的书在你的身边。

珍重！

你的：

莱内·马利亚·里尔克

第四封信

布莱门渥尔卜斯威德[12]，

一九〇三年七月十六日

十天前我又苦恼又疲倦地离开了巴黎，到了一处广大的北方的平原，它的旷远、寂静与天空本应使我恢复健康。可是我却走入一个雨的季节，直到今天在风势不定的田野上才闪透出光来；于是我就用这第一瞬间的光明来问候你，亲爱的先生。

亲爱的卡卜斯先生：我很久没有答复你的信，我并没有忘记它——反而它是常常使我从许多信中检出来再读一遍的，并且在你的信里我认识你非常亲切。那是你五月二日的信，你一定记得起这封信。我现在在这远方无边寂静中重读你的信，你

12 Worpswede，德国Bremen（今译不来梅）近郊的艺术家居住区。

那对于生活的美好的忧虑感动我，比我在巴黎时已经感到的还深；在巴黎因为过分的喧嚣，一切都发出异样的声音，使万物颤栗。这里周围是伟大的田野，从海上吹来阵阵的风，这里我觉得，那些问题与情感在它们的深处自有它们本来的生命，没有人能够给你解答；因为就是最好的字句也要失去真意，如果它们要解释那最轻妙、几乎不可言说的事物。虽然，我却相信你不会永远得不到解决，若是你委身于那同现在使我的眼目为之一新的相类似的事物。

若是你依托自然，依托自然中的单纯，依托于那几乎没人注意到的渺小，这渺小会不知不觉地变得庞大而不能测度；若是你对于微小都怀有这样的爱，作为一个侍奉者质朴地去赢得一些好像贫穷的事物的信赖：那么，一切对于你就较为轻易、较为一致、较为容易和解了，也许不是在那惊讶着退却的理智中，而是在你最深的意识、觉醒与悟解中得到和解。你是这样年轻，一切都在开始，亲爱的先生，我要尽我的所能请求你，对于你心里一切的疑难要多多忍耐，要去爱这些“问题的本身”，像是爱一间锁闭了的房屋，或是一本用别种文字写成的书。现在你不要去追求那些你还不能得到的答案，因为你还不能在生活里体验到它们。一切都要亲身生活。现在你就在这些问题里“生活”吧。或者，不大注意，渐渐会有那遥远的一天，你生活到了能解答这些问题的境地。也许你自身内就负有可能性：去组织、去形成一种特别幸福与纯洁的生活方式；你要向那方面修养——但是，无论什么来到，你都要以广大的信任领受；如果它是从你的意志里、从任何一种内身的窘困里产生的，那么你要好好地负担着它，什么也不要憎恶。——“性”，是很难的。可是我们分内的事都很难；其实一切严肃的事都是艰难的，而一切又是严肃的。如果你认识了这一层，并且肯这样从你自身，从你的禀性，从你的经验、你的童年、你的生命力出发，得到一种完全自己的（不是被因袭和习俗所影响的）对于“性”的关系：那么你就不要怕你有所迷惑，或是玷污了你最好的所有。

身体的快感是一种官感的体验，与净洁的观赏或是一个甜美的果实放在我们舌上的净洁的感觉没有什么不同；它是我们所应得的丰富而无穷的经验，是一种对于世界的领悟，是一切领悟的丰富与光华。我们感受身体的快感并不是坏事；所不好的是：几乎一切人都错用了、浪费了这种经验，把它放在生活疲倦的地方当作刺激，当作疏散，而不当作向着顶点的聚精会神。就是饮食，也有许多人使之失去本意：一方面是“不足”，另一方面是“过度”，都搅混了这个需要的明朗；同样搅混的，是那些生命借以自新的一切深的、单纯的需要。但是一个“个人”能够认清，很清晰地生活（如果因为“个人”是要有条件的，那么我们就说是“寂寞的人”），他能够想起，动物和植物中一切的美就是一种爱与渴望的、静静延续着的形式；他能够同看植物一样去看动物，它们忍耐而驯顺地结合、增殖、生长，不是由于生理的享乐也不是由于生理的痛苦，只是顺从需要，这个需要是要比享乐与痛苦伟大，比意志与抵抗还有力。啊，人们要更谦虚地去接受、更严肃地负担这充满大地一直到极小的物体的神秘，并且去承受和感觉，它是怎样重大地艰难，不要把它看得过于容易！对于那只有“一个”的果实，不管它是身体的或是精神的，要有敬畏的心；因为精神的创造也是源于生理的创造，同属于一个本质，并且只像是一种身体快感的更轻妙、更兴奋、更有永久性的再现。至于你所说的“那个思想，去当创造者，去生产、去制作”。绝不能缺少他在世界中得到不断的伟大的证明和实现，也不能缺少从物与动物那里得来的千应万诺，——他的享受也只是因此才这样难以形容地美丽而丰富，因为他具有从数百万制作与生产中遗传下来的回忆。在一个创造者思想里会有千百个被人忘记的爱情的良宵又重新苏醒，它们以崇高的情绪填实这个思想。并且那夜间幽会、结合在狂欢中的爱人们，是在做一种严肃的工作，聚集起无数的温存，为任何一个将来后起的诗人的诗歌预备下深厚的力量，去说那难于言说的欢乐。他们把“将来”唤来；纵使他们迷惑，盲目地拥抱，“将来”终于是要到的，一个新人在生长，这里完成一个偶然，在偶然的根处有永恒的规律醒来，一颗富于抵抗的种子就以这个规律闯入那对面迎来的卵球。你不要为表面所误；在深处一切都成为规律。那些把这个神秘虚伪而错误地去生活的人们（这样的人本来很多），只是自己失掉了它，而把它望下传递，像是密封的信件，并不知它的内容。你也不要被名称的繁多和事物的复杂所迷惑。超越一切的也许是一个伟大的“母性”作为共同的渴望。那少女的、一种“还无所作为”（你这样说得很好）的本性的美是，它预感着、准备着、悚惧着、渴望着的母性。母亲的美是正在尽职的母性；一个丰富的回忆则存在于老妇的身内。但我以为在男人身内也有母性，无论是身体的或是精神的；他的创造也是一种生产，只要是从最内在的丰满中创造出来的便是生产。大半两性间的关系比人们平素所想的更密切，也许这世界伟大的革新就在于这一点：男人同女人从一切错误的感觉与嫌忌里解放出来，不作为对立面互相寻找，而彼此是兄妹或邻居一般，共同以“人”的立场去工作，以便简捷地、严肃而忍耐地负担那放在他们肩上的艰难的“性”。

凡是将来有一天许多人或能实现的事，现在寂寞的人已经可以起始准备了，用他比较确切的双手来建造。亲爱的先生，所以你要爱你的寂寞，负担那它以悠扬的怨诉给你引来的痛苦。你说，你身边的都同你疏远了，其实这就是你周围扩大的开始。如果你的亲近都离远了，那么你的旷远已经在星空下开展得很广大；你要以你的成长欢喜，可是向那里你不能带进来一个人，要好好对待那些落在后边的人们，在他们面前你要稳定自若，不要用你的怀疑苦恼他们，也不要用你的信心或欢悦惊吓他们，这是他们所不能了解的。同他们寻找出一种简单而诚挚的谐和，这种谐和，任凭你自己将来怎么转变，都无须更改；要爱惜他们那种生疏方式的生活，要谅解那些进入老境的人们；他们对于你所信任的孤独是畏惧的。要避免去给那在父母与子女间常演出的戏剧增加材料；这要费去许多子女的力，销蚀许多父母的爱，纵使他们的爱不了解我们；究竟是在爱着、温暖着我们。不要向他们问计，也不要计较了解；但要相信那种为你保存下来像是一份遗产似的爱，你要信任在这爱中自有力量存在，自有一种幸福，无须脱离这个幸福才能扩大你的世界。

那很好，你先进入一个职业[13]，它使你成为独立的人，事事完全由你自己料理。你耐心地等着吧，看你内心的生活是不是由于这职业的形式而受到限制。我认为这职业是很艰难很不容易对付的，因为它被广大的习俗所累，并且不容人对于它的问题有个人的意见存在。但是你的寂寞将在这些很生疏的关系中间是你的立足点和家乡，从这里出来你将寻得你一切的道路。

我一切的祝愿都在陪伴着你，我信任你。

你的：

莱内·马利亚·里尔克

13　卡卜斯被任命为奥地利军官。

第五封信

罗马，一九〇三年十月二十九日

亲爱的、尊敬的先生：

我在佛罗伦萨收到你八月二十九日的信，现在——两个月了——我才写回信告诉你。请你原谅我的迟延，——我在路上不喜欢写信，因为我写信除去必需的纸笔外还要用：一些幽静、寂寞和一个不太生疏的时刻。

我们在六个星期前到了罗马，那时还是个空虚、炎热、时疫流行的罗马，这种环境又添上许多现实生活上安排的困难，更助长围绕我们的不安，简直没有终结，使我们尝尽了异乡漂泊的痛苦。更加之以：罗马（如果我们还不认识它）在我们到达的头几天真令人窒闷悲哀：由于它放射出来的死气沉沉忧郁的博物馆的空气；由于它精华已尽、而又勉强保持着的过去时代的储存（从中滋养着一个可怜的现在）；由于这些无名的、被学者和语言学家们所维护、经常不断的意大利旅游者所效仿的、对于一切改头换面或是毁败了的物品的过分的估价，根本这些物品也不过是另一个时代另一种生活的偶然的残余，这生活已经不是我们的了，而也不应该是我们的。在日日担心防范的几星期后，虽还有些纷乱，却终于回到自己的世界，我们才说：这里并不比别的地方有更多的美，这些被世世代代所叹赏的对象，都经过俗手的修补，没有意义，无所包含，没有精神，没有价值；——但这里也自有许多美，因为无论什么地方都有它的美。永远生动的流水从古老的沟渠流入这座大城，它们在许多广场的白石盘上欢舞，散入宽阔的贮水池中，昼间泠泠有声，夜晚的声音更为清澈，这里的夜色广大而星光灿烂，习习拂着轻风。并且有许多名园，使人难忘的林阴路与石阶——米霞盎基罗[14]所设计的石阶，那是按着向下流水的姿势建筑的石阶：宽宽地向下一层生出一层，像是后浪接着前浪。由于这样的印象，我们凝聚精神，从那些傲慢的、谈谈讲讲的“多数”（那是多么爱饶舌呀！）回到自身内，慢慢地学习认识“少数”，在少数的事物里延绵着我们所爱的永恒和我们轻轻地分担着的寂寞。

现在我还住在城内卡皮托丘上[15]，离那最美的从罗马艺术中保存下来的马克·奥雷尔[16]骑马式的石像不远；但是在几星期后我将迁入一个寂静而简单的地方，是一座老的望楼，它深深地消失在一片大园林里，足以躲避城市的喧嚣与纷扰。我将要在那里住一冬，享受那无边的寂静，从这寂静中我期待着良好而丰盛的时间的赠品……

---

14 Michelangelo Buonarroti（1475—1564），意大利文艺复兴时期艺术家；今译米开朗琪罗。

15 Kapitol，罗马七座山丘中的一座。

16 Marcus Aurelius，（121—180），罗马皇帝，有《沉思录》流传后世。

到那时我将常常在家，再给你写较长的信，还要谈到关于你信中的事。今天我必须告诉你说的是（这已经是不对了，我没有早一点告诉你），你信中提到的那本书（其中想必有你的作品）没有寄到。是不是从渥尔卜斯威德给你退回去了（因为包裹不能转到外国）？退回是最好的，我愿意得到证实。希望不要遗失——这在意大利的邮务并不是例外的事——可惜。

我很愿意接到这本书（像是我愿意接到你所写的一切一样）；还有你最近的诗（如果你寄给我），我要永远尽我的所能诚心地一读再读，好好体验。以多多的愿望和祝福。

你的：

莱内·马利亚·里尔克

第六封信

罗马，一九〇三年十二月二十三日

我的亲爱的卡卜斯先生：

你不会得不到我的祝愿，如果圣诞节到了，你在这节日中比往日更深沉地负担着你的寂寞。若是你觉得它过于广大，那么你要因此而欢喜（你问你自己吧），哪有寂寞不是广大的呢；我们只有“一个”寂寞又大又不容易负担，并且几乎人人都有这危险的时刻，他们情心愿意把寂寞和任何一种庸俗无聊的社交，和与任何一个不相配的人勉强谐和的假象去交换……但也许正是这些时候，寂寞在生长；它在生长是痛苦的，像是男孩的发育，是悲哀的，像是春的开始。你不要为此而迷惑。我们最需要却只是：寂寞，广大的内心的寂寞。“走向内心”，长时期不遇一人——这我们必须能够做到。居于寂寞，像人们在儿童时那样寂寞，成人们来来往往，跟一些好像很重要的事务纠缠，大人们是那样匆忙，可是儿童并不懂得他们做些什么事。

如果一天我们洞察到他们的事务是贫乏的，他们的职业是枯僵的，跟生命没有关联，那么我们为什么不从自己世界的深处，从自己寂寞的广处（这寂寞的本身就是工作、地位、职业），和儿童一样把它们当作一种生疏的事去观看呢？为什么把一个儿童聪明的“不解”抛开，而对于许多事物采取防御和蔑视的态度呢？“不解”是居于寂寞；防御与蔑视虽说是要设法和这些事物隔离，同时却是和它们发生纠葛了。

亲爱的先生，你去思考你自身负担着的世界；至于怎样称呼这思考，那就随你的心意了；不管是自己童年的回忆，或是对于自己将来的想望，——只是要多多注意从你生命里出现的事物，要把它放在你周围所看到的一切之上。你最内心的事物值得你全心全意地去爱，你必须为它多方工作；并且不要浪费许多时间和精力去解释你对于人们的态度。到底谁向你说，你本来有一个态度呢？——我知道你的职业是枯燥的，处处和你相违背，我早已看出你的苦恼，我知道，它将要来了。现在它来了，我不能排解你的苦恼，我只能劝你去想一想，是不是一切职业都是这样，向个人尽是无理的要求，尽是敌意，它同样也饱受了许多低声忍气、不满于那枯燥的职责的人们的憎恶。你要知道，你现在必须应付的职业并不见得比旁的职业被什么习俗呀、偏见呀、谬误呀连累得更厉害；若是真有些炫耀着一种更大的自由的职业，那就不会有职业在它自身内广远而宽阔，和那些从中组成真实生活的伟大事物相通了。只有寂寞的个人，他跟一个“物”一样被放置在深邃的自然规律下，当他走向刚破晓的早晨，或是向外望那充满非常事件的夜晚，当他感觉到那里发生什么事，一切地位便会脱离了他，像是脱离一个死者，纵使他正处在真正的生活的中途。

亲爱的卡卜斯先生，凡是你现在作军官所必须经验的，你也许在任何一种现有的职业里都会感到，甚至纵使你脱离各种职务，独自向社会寻找一种轻易而独立的接触，这种压迫之感也不会对你有什么减轻。——到处都是一样：但是这并不足使我们恐惧悲哀；如果你在人我之间没有谐和，你就试行与物接近，它们不会遗弃你；还有夜，还有风——那吹过树林、掠过田野的风；在物中间和动物那里，一切都充满了你可以分担的事；还有儿童，他们同你在儿时所经验过的一样，又悲哀，又幸福，——如果你想起你的童年，你就又在那些寂寞的儿童中间了，成人们是无所谓的，他们的尊严没有价值。

若是你因为对于童年时到处可以出现的神已经不能信仰，想到童年，想到与它相连的那种单纯和寂静，而感到苦恼不安，那么，亲爱的卡卜斯先生，你问一问自己，你是不是真把神失落了？也许正相反，你从来没有得到他？什么时候应该有过神呢？你相信吗，关于神，一个儿童能够把住他，成人们只能费力去负担他，而他的重量足以把老人压倒？你相信吗，谁当真有他，又能把他像一块小石片似的失落？或者你也不以为吗，谁有过他，还只能被他丢掉？——但如果你认识到，他在你的童年不曾有过，从前也没有生存过；如果你觉得基督是被他的渴望所欺，穆罕默德是被他的骄傲所骗，——如果你惊愕地感到，就是现在，就是我们谈他的这个时刻，他也没有存在；——那么，什么给你以权利，觉得缺少这从来不曾有过的神像是丧失一个亡人，并且寻找他像是找一件遗失的物品呢？

你为什么不这样想，想他是将要来到的，他要从永恒里降生，是一棵树上最后的果实，我们不过是这树上的树叶？是谁阻拦你，不让你把他的诞生放在将来转变的时代，不让你度过你的一生像是度过这伟大的孕期内又痛苦又美丽的一日？你没有看见吗，一切发生的事怎样总是重新开始？那就不能是神的开始吗？啊，开端的本身永远是这般美丽！如果他是最完全的，那么较为微小的事物在他以前就不应该存在吗，以便他从丰满与过剩中能够有所选择？——他不应该是个最后者吗，将一切握诸怀抱？若是我们所希求的他早已过去了，那我们还有什么意义呢？

像是蜜蜂酿蜜那样，我们从万物中采撷最甜美的资料来建造我们的神。我们甚至以渺小、没有光彩的事物开始（只要是由于爱），我们以工作，继之以休息，以一种沉默，或是以一种微小的寂寞的欢悦，以我们没有朋友、没有同伴单独所做的一切来建造他，他，我们并不能看到，正如我们祖先不能看见我们一样。可是那些久已逝去的人们，依然存在于我们的生命里，作为我们的禀赋，作为我们命运的负担，作为循环着的血液，作为从时间的深处升发出来的姿态。

现在你所希望不到的事，将来不会有一天在最遥远、最终极的神的那里实现吗？

亲爱的卡卜斯先生，在这虔诚的情感中庆祝你的圣诞节吧，也许神正要用你这生命的恐惧来开始；你过的这几天也许正是一切在你生命里为他工作的时期，正如你在儿时已经有一次很辛苦地为他工作过一样。好好地忍耐，不要沮丧，你想，如果春天要来，大地就使它一点点地完成，我们所能做的最少量的工作，不会使神的生成比起大地之于春天更为艰难。

祝你快乐，勇敢。

你的：

莱内·马利亚·里尔克

第七封信

罗马，一九〇四年五月十四日

我的亲爱的卡卜斯先生：

自从我接到你上次的来信，已经过了许久。请你不要见怪；先是工作，随后是事务的干扰，最后是小病，总阻挡着我给你写回信，因为我给你写信是要在良好平静的时刻。现在我觉得好些了（初春的恶劣多变的过渡时期在这里也使人觉得很不舒适），亲爱的卡卜斯先生，我问候你，并且（这是我衷心愿做的事）就我所知道的来回答你。

你看，我把你的十四行诗抄下来了，因为我觉得它美丽简练，是在很适当的形式里产生的。在我所读到的你的诗中，这是最好的一首。现在我又把它誊抄给你，因为我以为这很有意义，并且充满新鲜的体验，在别人的笔下又看到自己的作品。你读这首诗，像是别人作的，可是你将要在最深处感到它怎样更是你的。

这是我的一种快乐，常常读这首十四行诗和你的来信；为了这两件事我感谢你。

在寂寞中你不要彷徨迷惑，由于你自身内有一些愿望要从这寂寞里脱身。——也正是这个愿望，如果你平静地、卓越地，像一件工具似的去运用它，它就会帮助你把你的寂寞扩展到广远的地方。一般人（用因袭的帮助）把一切都轻易地去解决，而且按着轻易中最轻易的方面；但这是很显然的，我们必须认定艰难；凡是生存者都认定，自然界中一切都是按照自己的方式生长，防御，表现出来自己，无论如何都要生存，抵抗一切反对的力量。我们知道的很少；但我们必须委身于艰难却是一件永不会丢开我们的信念。寂寞地生存是好的，因为寂寞是艰难的；只要是艰难的事，就有使我们更有理由为它工作。

爱，很好；因为爱是艰难的。以人去爱人：这也许是给与我们的最艰难、最重大的事，是最后的实验与考试，是最高的工作，别的工作都不过是为此而做的准备。所以一切正在开始的青年们还不能爱；他们必须学习。他们必须用他们整个的生命、用一切的力量，集聚他们寂寞、痛苦和向上激动的心去学习爱。可是学习的时期永远是一个长久的专心致志的时期，爱就长期地深深地侵入生命——寂寞，增强而深入的孤独生活，是为了爱着的人。爱的要义并不是什么倾心、献身、与第二者结合（那该是怎样的一个结合呢，如果是一种不明了，无所成就、不关重要的结合？），它对于个人是一种崇高的动力，去成熟，在自身内有所完成，去完成一个世界，是为了另一个人完成一个自己的世界，这对于他是一个巨大的、不让步的要求，把他选择出来，向广远召唤。青年们只应在把这当作课业去工作的意义中（“昼夜不停地探索，去锤炼”）

去使用那给与他们的爱。至于倾心、献身，以及一切的结合，还不是他们的事（他们还须长时间地节省、聚集），那是最后的终点，也许是人的生活现在还几乎不能达到的境地。

但是青年们在这方面常常错误得这样深（因为在他们本性中没有忍耐），如果爱到了他们身上，他们便把生命任意抛掷，甚至陷入窒闷、颠倒、紊乱的状态：——但随后又该怎样呢？这支离破碎的聚合（他们自己叫作结合，还愿意称为幸福），还能使生活有什么成就吗？能过得去吗？他们的将来呢？这其间每个人都为了别人失掉自己，同时也失掉别人，并且失掉许多还要来到的别人，失掉许多广远与可能性；把那些轻微的充满预感的物体的接近与疏远，改换成一个日暮穷途的景况，什么也不能产生；无非是一些厌恶、失望与贫乏，不得已时便在因袭中寻求补救，有大宗因袭的条例早已准备好了，像是避祸亭一般在这危险的路旁。在各种人类的生活中没有比爱被因袭的习俗附饰得更多的了，是无所不用其极地发明许多救生圈、游泳袋、救护船；社会上的理解用各种样式设下避难所，因为它倾向于把爱的生活也看作是一种娱乐，所以必须轻率地把它形成一种简易、平稳、毫无险阻的生活，跟一切公开的娱乐一样。

诚然也有许多青年错误地去爱，即随随便便地赠与，不能寂寞（一般总是止于这种境地——），他们感到一种失误的压迫，要按照他们自己个人的方式使他们已经陷入的境域变得富有生力和成果；——因为他们的天性告诉他们，爱的众多问题还比不上其他的重要的事体，它们可以公开地按照这样或那样的约定来解决；都不过是人与人之间切身的问题，它们需要一个在各种情况下都新鲜而特殊、“只是”个人的回答——但，他们已经互相抛掷在一起，再也不能辨别、区分，再也不据自己的所有，他们怎么能够从他们自身内，从这已经埋没的寂寞的深入寻得一条出路呢？

他们的行为都是在通常无可告援的情势下产生的，如果他们以最好的意愿要躲避那落在他们身上的习俗（譬如说结婚），也还是陷入一种不寻常、但仍同样是死气沉沉限于习俗的解决的网中；因为他们周围的一切都是——习俗；从一种很早就聚在一起的、暗淡的结合中的表演出来的只是种种限于习俗的行动；这样的紊乱昏迷之所趋的每个关系，都有它的习俗，即使是那最不常见的（普通的意义叫作不道德的）也在内；是的，甚至于“分离”也几乎是一种习俗的步骤，是一种非个性的偶然的决断，没有力量，没有成果。

谁严肃地看，谁就感到，同对于艰难的“死”一样，对于这艰难的“爱”还没有启蒙，还没有解决，还没有什么指示与道路被认识；并且为了我们蒙蔽着、负担着、传递下去，还没有显现的这两个任务，也没有共同的、协议可靠的规律供我们探讨。但是在我们只作为单独的个人起始练习生活的程度内，这些伟大的事物将同单独的个人们在更接近的亲切中相遇。艰难的爱的工作对于我们发展过程的要求是无限的广大，我们作为信从者对于那些要求还不能胜任。但是，如果我们坚持忍耐，把爱作为重担和学业担在肩上，而不在任何浅易和轻浮的游戏中失掉自己（许多人都是一到他们生存中最严肃的严肃面前，便隐藏在游戏的身后）——那么将来继我们而来的人们或许会感到一点小小的进步与减轻；这就够好了。

可是我们现在正应该对于一个单独的人和另一个单独的人的关系，没有成见、如实地观察；我们试验着在这种关系里生活，面前并没有前例。可是在时代的变更中已经有些事，对于我们小心翼翼的开端能有所帮助了。

少女和妇女，在她们新近自己的发展中，只暂时成为男人恶习与特性的模仿者，男人职业的重演者。经过这样不稳定的过程后，事实会告诉我们，妇女只是从那（常常很可笑的）乔装的成功与变化中走过，以便把他们自己的天性从男性歪曲的影响中洗净。至于真的生命是更直接、更丰富、更亲切地在妇女的身内，根本上她们早应该变成比男人更纯净、更人性的人们；男人没有身体的果实，只生活于生活的表面之下，傲慢而急躁，看轻他们要去爱的事物。如果妇女将来把这“只是女性”的习俗在她们外在状态的转变中脱去，随后那从痛苦与压迫里产生出的妇女的“人性”就要见诸天日了，这是男人们现在还没有感到的，到那时他们将从中受到惊奇和打击。有一天（现在北欧的国家里已经有确切的证明）新的少女来到，并且所谓妇女这个名词，她不只是当作男人的对立体来讲，却含有一些独立的意义，使我们不再想到“补充”与“界限”，只想到生命与生存——女性的人。

这个进步将要把现在谬误的爱的生活转变（违

背着落伍的男人们的意志），从根本更改，形成一种人对于人，不是男人对于女人的关系。并且这更人性的爱（它无限地谨慎而精细，良好而明晰地在结合与解脱中完成），它将要同我们辛辛苦苦地预备着的爱相似，它存在于这样的情况里：两个寂寞相爱护，相区分，相敬重。

还有：你不要以为，那在你童年曾经有过一次的伟大的爱已经失却了；你能说吗，那时并没有伟大的良好的愿望在你的生命里成熟，而且现在你还从中吸取养分？我相信那个爱是强有力地永在你的回忆中，因为它是你第一次的深的寂寞，也是你为你生命所做的第一次的内心的工作。——祝你一切安好，亲爱的卡卜斯先生！

你的：

莱内·马利亚·里尔克

十四行诗

我生命里有一缕阴深的苦恼
颤动，它不叹息，也不抱怨。
我梦里边雪一般的花片
是我寂静的长日的祭祷。

但是大问题梗住我的小道。
我变得渺小而凄凉
像是走过一座湖旁，
我不敢量一量湖水的波涛。

一种悲哀侵袭我，这般愁惨
好似暗淡的夏夜的苍茫
时时闪露出一点星光；

于是我的双手向着爱试探，
因为我想祈求那样的声调，
我热烈的口边还不能找到……

（弗兰斯·卡卜斯）

第八封信

瑞典弗拉底波格比庄园[17]，

一九〇四年八月十二日

亲爱的卡卜斯先生，我想再和你谈一谈，虽然我几乎不能说对你有所帮助以及对你有一些用处的话。你有过很多大的悲哀，这些悲哀都已过去了。你说，这悲哀的过去也使你非常苦恼。但是，请你想一想，是不是这些大的悲哀并不曾由你生命的中心走过？当你悲哀的时候，是不是在你生命里并没有许多变化，在你本性的任何地方也无所改变？危险而恶劣的是那些悲哀，我们把它们运送到人群中，以遮盖它们的声音；像是敷敷衍衍治疗的病症，只是暂时退却，过些时又更可怕地发作；他们

17 Borgeby Gàrb，位于瑞典Flädie。

聚集在体内，成为一种没有生活过、被摈斥、被遗弃的生命，能以使我们死去。如果我们能比我们平素的知识所能达到的地方看得更远一点，稍微越过我们预感的前哨，那么也许我们将会以比担当我们的欢悦更大的信赖去担当我们的悲哀。因为它们（悲哀）都是那些时刻，正当一些新的、陌生的事物侵入我们生命；我们的情感蜷伏于怯懦的局促的状态里，一切都退却，形成一种寂静，于是这无人认识的“新”就立在中间，沉默无语。

我相信几乎我们一切的悲哀都是紧张的瞬间，这时我们感到麻木，因为我们不再听到诧异的情感生存。因为我们要同这生疏的闯入者独自周旋；因为我们平素所信任的与习惯的都暂时离开了我们；因为我们正处在一个不能容我们立足的过程中。

可是一旦这不期而至的新事物迈进我们的生命，走进我们的心房，在心的最深处化为乌有，溶解在我们的血液中，悲哀也就因此过去了。我们再也经验不到当时的情形。这很容易使我们相信前此并没有什么发生；其实我们却是改变了，正如一所房子，走进一位新客，它改变了。我们不能说，是谁来了，我们望后也许不知道，可是有许多迹象告诉我们，在“未来”还没有发生之前，它就以这样的方式潜入我们的生命，以便在我们身内变化。所以我们在悲哀的时刻要安于寂寞，多注意，这是很重要的：因为当我们的“未来”潜入我们的生命的瞬间，好像是空虚而枯僵，但与那从外边来的、为我们发生的喧嚣而意外的时刻相比，是同生命接近得多。我们悲哀时越沉静，越忍耐，越坦白，这新的事物也越深、越清晰地走进我们的生命，我们也就更好地保护它，它也就更多地成为我们自己的命运：将来有一天它“发生”了（就是说：它从我们的生命里出来向着别人走进），我们将在最内心的地方感到我们同它亲切而接近。并且这是必要的。是必要的，——我们将渐渐地向那方面发展，——凡是迎面而来的事，是没有生疏的，都早已属于我们了。人们已经变换过这么多运转的定义，将来会渐渐认清，我们所谓的命运是从我们“人”里出来，并不是从外边向着我们“人”走进。只因为有许多人，当命运在他们身内生存时，他们不曾把它吸收，化为己有，所以他们也认不清，有什么从他们身内出现；甚至如此生疏，他们在仓皇恐惧之际，以为命运一定是正在这时走进他们的生命，因为他们确信自己从来没有见过这样类似的事物。正如对于太阳的运转曾经有过长期的蒙惑那样，现在人们对于未来的运转，也还在同样地自欺自蔽。其实“未来”站得很稳，亲爱的卡卜斯先生，但是我们动转在这无穷无尽的空间。

我们怎么能不感觉困难呢？

如果我们再谈到寂寞，那就会更明显，它根本不是我们所能选择或弃舍的事物。我们都是寂寞的。人能够自欺，好像并不寂寞。只不过如此而已。但是，那有多么好呢，如果我们一旦看出，我们都正在脱开这欺骗的局面。在其间我们自然要发生眩昏；因为平素我们的眼睛看惯了的一切这时都忽然失去，再也没有亲近的事物，一切的远方都是无穷的旷远。谁从他的屋内没有准备，没有过程，忽然被移置在一脉高山的顶上，他必会有类似的感觉；一种无与伦比的不安被交付给无名的事物，几乎要把他毁灭。他或许想象会跌落，或者相信会被抛掷在天空，或者粉身碎骨；他的头脑必须发现多么大的谎话，去补救、去说明他官感失迷的状态。一切的距离与尺度对于那寂寞的人就有了变化；从这些变化中忽然会有许多变化发生。跟在山顶上的那个人一样，生出许多非常的想象与稀奇的感觉，它们好像超越了一切能够担当的事体。但那是必要的，我们也体验这种情况。我们必须尽量广阔地承受我们的生存；一切，甚至闻所未闻的事物，都可能在里边存在。根本那是我们被要求的唯一的勇气；勇敢地面向我们所能遇到的最稀奇、最吃惊、最不可解的事物。就因为许多人在这意义中是怯懦的，所以使生活受了无限的损伤；人们称作“奇象”的那些体验、所谓“幽灵世界”、死，以及一切同我们相关联的事物，它们都被我们日常的防御挤出生活之外，甚至我们能够接受它们的感官都枯萎了。关于“神”，简直就不能谈论了。但是对于不可解的事物的恐惧，不仅使个人的生存更为贫乏，并且人与人的关系也因之受到限制，正如从有无限可能性的河床里捞出来，放在一块荒芜不毛的岸上。因为这不仅是一种惰性，使人间的关系极为单调而陈腐地把旧事一再重演，而且是对于任何一种不能预测、不堪胜任的新的生活的畏缩。但是如果有人对于一切有了准备，无论什么，甚至最大的哑谜，也不置之度外，那么他就会把同别人的关系，当作生动着的事物去体验，甚至充分理解自己的存在。正如我们把各个人的存在看成一块较大或较小的空间，那么大部分人却只认识了他们空间的一角、一块窗前的空地，或是他们走来走去的一条窄道。这样他们就有一定的安定。可是那危险的不安定是更人性的，它能促使亚仑·坡[18]的故事里的囚犯摸索他们可怕的牢狱的形状，而熟悉他们住处内不可言喻的恐怖。但我们不是囚犯，没有人在我们周围布置了陷阱，没有什么来恐吓我们，苦恼我们。我们在生活中像是在最适合于我们的原素里，况且我们经过几千年之久的适应和生活是这样地相似了，如果我们静止不动，凭借一种成功的模拟，便很难同我们周围的一切有所区分。我们没有理由不信任我们的世界，因为它并不敌对我们。如果它有恐惧，就是我们的恐惧；它有难测的深渊，这深渊是属于我们的；有危险，我们就必须试

---

18 Edgar Allan Poe（1809—1849），美国小说家、诗人，以描写神秘恐怖故事知名。这里指的是他的一篇小说《深坑和钟摆》（*The Pit and the Pendulum*），描述一个被判处死刑的人在黑暗的牢狱里摸索墙壁、猜度牢狱形状的恐怖情况。

行去爱这些危险。若是我们把我们的生活，按照那叫我们必须永远把握艰难的原则来处理，那么现在最生疏的事物就会变得最亲切、最忠实的了。我们怎么能忘却那各民族原始时都有过的神话呢；恶龙在最紧急的瞬间变成公主的那段神话；也许我们生活中一切的恶龙都是公主们，她们只是等候着，美丽而勇敢地看一看我们。也许一切恐怖的事物在最深处是无助的，向我们要求救助。

亲爱的卡卜斯先生，如果有一种悲哀在你面前出现，它是从未见过的那样广大，如果有一种不安，像光与云影似的掠过你的行为与一切工作，你不要恐惧。你必须想，那是有些事在你身边发生了；那是生活没有忘记你，它把你握在手中，它永不会让你失落。为什么你要把一种不安、一种痛苦、一种忧郁置于你的生活之外呢，可是你还不知道，这些情况在为你做什么工作？为什么你要这样追问，这一切是从哪里来，要向哪里去呢？可是你要知道，你是在过渡中，要愿望自己有所变化。如果你的过程里有一些是病态的，你要想一想，病就是一种方法，有机体用以从生疏的事物中解放出来；所以我们只须让它生病，使它有整个的病发作，因为这才是进步。亲爱的卡卜斯先生，现在你自身内有这么多的事发生，你要像一个病人似的忍耐，又像一个康复者似的自信；你也许同时是这两个人。并且你还须是看护自己的医生。但是在病中常常有许多天，医生除了等候以外，什么事也不能做。这就是（尽你是你的医生的时候），现在首先必须做的事。

对于自己不要过甚地观察。不要从对你发生的事物中求得很快的结论，让它们单纯地自生自长吧。不然你就很容易用种种（所谓道德的）谴责回顾你的过去，这些过去自然和你现在遇到的一切很有关系。凡是从你童年的迷途、愿望、渴望中在你身内继续影响着的事，它们并不让你回忆，供你评判。一个寂寞而孤单的童年非常的情况是这样艰难，这样复杂，受到这么多外来的影响，同时又这样脱开了一切现实生活的关联，纵使在童年有罪恶，我们也不该简捷了当地称作罪恶。对于许多名称，必须多多注意；常常只是犯罪的名称使生命为之破碎，而不是那无名的、个人的行为本身，至于这个行为也许是生活中规定的必要，能被生活轻易接受的。因为你把胜利估量得过高，所以你觉得力的消耗如此巨大；胜利并不是你认为已经完成的“伟大”，纵使你觉得正确；“伟大”是你能以把一些真的、实在的事物代替欺骗。不然你的胜利也不过是一种道德上的反应，没有广大的意义，但是它却成为你生活的一个段落。亲爱的卡卜斯先生，关于你的生活，我有很多的愿望。你还记得吗，这个生活是怎样从童年里出来，向着“伟大”渴望？我看着，它现在又从这些伟大前进，渴望更伟大的事物。所以艰难的生活永无止境，但因此生长也无止境。

如果我还应该向你说一件事，那么就是：你不要相信，那试行劝慰你的人是无忧无虑地生活在那些有时对你有益的简单而平静的几句话里。他的生活有许多的辛苦与悲哀，他远远地专诚帮助你。不然，他就绝不能找到那几句话。

你的：

莱内·马利亚·里尔克

第九封信

瑞典央思雷德弗卢堡[19]，

一九〇四年十一月四日

我亲爱的卡卜斯先生：

在这没有通信的时期内，我一半是在旅途上，一半是事务匆忙，使我不能写信。今天我写信也是困难的，因为我已经写了许多封，手都疲倦了。若是我能以口述给旁人写，我还能向你说许多，可是现在你只好接受这寥寥几行来报答你的长信。

亲爱的卡卜斯先生，我常常思念你，并且以这样专诚的愿望思念你，总要对你有所帮助。但是我的信到底能不能帮助你，我却常常怀疑。你不要说：它们能够帮助你。你只安心接受这些信吧，

19 Fruburg，Jonsered的一个地方。

不必说感谢的话，让我们等着，看将要有什么事情来到。

现在我对于你信里个别的字加以探讨，大半是没有用的；因为我关于你疑惑的倾向，关于你内外生活和谐的不可能，关于另外苦恼着你的一切：——我所能说的，还依然是我已经说过的话：还是愿你自己有充分的忍耐去担当，有充分单纯的心去信仰；你将会越来越信任艰难的事物和你在众人中间感到的寂寞。以外就是让生活自然进展。请你相信：无论如何，生活是合理的。

谈到情感：凡是使你集中向上的情感都是纯洁的；但那只捉住你本性的一方面，对你有所伤害的情感是不纯洁的。凡是在你童年能想到的事都是好的。凡能够使你比你从前最美好的时刻还更丰富的，都是对的。各种提高都是好的，如果它是在你“全”血液中，如果它不是迷醉，不是忧郁，而是透明到底的欢悦。你了解我的意思吗？

就是你的怀疑也可以成为一种好的特性，若是你好好“培养”它。它必须成为明智的，它必须成为批判。——当它要伤害你一些事物时，你要问它，这些事物“为什么”丑恶，向它要求证据，考问它，你也许见它仓皇失措，也许见它表示异议。但你不要让步，你同它辩论，每一回都要多多注意，立定脚步，终于有一天它会从一个破坏者变成你的一个最好的工作者，——或许在一切从事于建设你的生活的工作者中它是最聪明的一个。

亲爱的卡卜斯先生，这是我今天所能向你说的一切。我附寄给你我一篇短的作品[20]的抽印本，这是在布拉格出版的《德意志工作》中发表的。

20　指散文诗《旗手克里斯多夫·里尔克的爱与死之歌》（*Die Weise von Liebe und Tod des Cornets Christoph Rilke*）。

在那里我继续着同你谈生和死，以及它们的伟大与美丽。

你的：

莱内·马利亚·里尔克

第十封信

巴黎，一九〇八年圣诞节第二日

亲爱的卡卜斯先生，你该知道，我得你这封美好的信，我是多么欢喜。你给我的消息真实、诚挚，又像你从前那样，我觉得很好，我越想越感到那实在是好的消息。我本来想在圣诞节的晚间给你写信，但是这一冬我多方从事没有间断的工作，这古老的节日是这样快地走来了，使我没有时间去做我必须处理的事，更少写信。

但是在节日里我常常思念你，我设想你是怎样寂静地在你寂寞的军垒中生活，两旁是空旷的高山，大风从南方袭来，好像要把这些山整块地吞了下去。

这种寂静必须是广大无边，好容许这样的风声风势得以驰骋，如果我想到，更加上那辽远的海也在你面前同时共奏，像是太古的谐音中最深处的旋律，那么我就希望你能忠实地、忍耐地让这大规模的寂寞在你身上工作，它不再能从你的生命中消灭；在一切你要去生活要去从事的事物中，它永远赓续着像是一种无名的势力，并且将确切地影响你，有如祖先的血在我们身内不断地流动，和我们自己的血混为唯一的、绝无仅有的一体，在我们生命的无论哪一个转折。

是的：我很欢喜，你据有这个固定的、可以言传的生存，有职称，有制服，有任务，有一切把得定、范围得住的事物，它们在这同样孤立而人数不多的军队环境中，接受严肃与必要的工作，它们超越军队职业的游戏与消遣，意味着一种警醒的运用，它们不仅容许，而且正好培养自主的注意力。我们要在那些为我们工作、时时置我们于伟大而自然的事物面前的情况中生活，这是必要的一切。

艺术也是一种生活方式，无论我们怎样生活，都能不知不觉地为它准备；每个真实的生活都比那些虚假的、以艺术为号召的职业跟艺术更为接近，它们炫耀一种近似的艺术，实际上却否定了、损伤了艺术的存在，如整个的报章文字、几乎一切的批评界、四分之三号称文学和要号称文学的作品，都是这样。我很高兴，简捷地说，是因为你经受了易于陷入的危险，寂寞而勇敢地生活在任何一处无情的现实中。即将来到的一年会使你在这样的生活里更为坚定。

永远

你的：

莱内·马利亚·里尔克

附录

里尔克

——为十周年祭日作[21]

一九二六年的秋天，我第一次知道里尔克的名字，读到他早期的作品《旗手》[22]。这篇现在已有两种中文译本的散文诗，在我那时是一种意外的、奇异的得获。色彩的绚烂，音调的铿锵，从头到尾被一种幽郁而神秘的情调支配着，像一阵深山中的骤雨，又像一片秋夜里的铁马风声：这是一部神助的作品，我当时想；但哪里知道，它是在一个风吹云涌的夜间，那青年诗人倚着窗，凝神望着夜的变化，一气呵成的呢？

随后我再也无缘读到里尔克其他的作品，只以为他不过是一个新浪漫派的，充满了北方气味的神

21 原载于一九三六年十二月十日《新诗》，第一卷，第三期。

22 Cornett。

秘诗人；却不知他在那时已经观察遍世上的真实，体味尽人与物的悲欢，后来竟达到了与天地精灵相往还的境地，而于当年除夕的前两天逝世了。

至于读到他的《祈祷书》(一九〇五年)、他的《新诗》(一九〇七年)、他的《布里格随笔》(一九一〇年)，他晚年的《杜伊诺哀歌》(一九二三年)和十四行诗，还有那写不尽，也读不完的娓娓动人的书简，却是最近五年的事。在《祈祷书》里处处洋溢着北欧人的宗教情绪，那是无穷的音乐，那是永久的感情泛滥。在这无穷的音乐与永久的感情泛滥中，德国十八世纪末期的浪漫派诗人们（他们撇开了歌德）已经演了一番无可奈何的悲剧。他们只有青春，并没有成年，更不用说白发的完成了。但是里尔克并不如此，他内心里虽然也遭逢过那样的命运，可是他克制了它。在诺瓦利斯[23]死去，荷尔德

23 Novalis(1772—1801)，德国诗人。

林[24]渐趋于疯狂的年龄，也就是在从青春走入中年的路程中，里尔克却有一种新的意志产生。他使音乐的变为雕刻的，流动的变为结晶的，从浩无涯涘的海洋转向凝重的山岳。他到了巴黎，从他倾心崇拜的大师罗丹那里学会了一件事：工作——工匠般地工作。

他开始观看，他怀着纯洁的爱观看宇宙间的万物。他观看玫瑰花瓣、罂粟花；豹、犀、天鹅、红鹤、黑猫；他观看囚犯、病后的与成熟的妇女、娼妓、疯人、乞丐、老妇、盲人；他观看镜、美丽的花边、女子的命运、童年。他虚心侍奉他们，静听他们的有声或无语，分担他们被漠然视之的命运。一件件的事物在他周围，都像刚刚从上帝手里做成；他呢，赤裸裸地脱去文化的衣裳，用原始的眼睛来观看。这时他深深感到，人类有史以来几千年

24　Friedrich Hölderlin（1770—1843），德国诗人。

是过于浪费了，他这样问：“我们到底是发现了些什么呢？围绕我们的一切不都几乎像是不曾说过，多半甚至于不曾见过吗？对着每个我们真实观看的物体，我们不是第一个人吗？”直到他的晚年，还写过这样的诗句：

苦难没有认清，
爱也没有学成，
远远在死乡的事物
没有揭开了面目。

里尔克就这样小心翼翼地发现许多物体的灵魂，见到许多物体的姿态；他要把他所把握住的这一些自有生以来、从未被人注意到的事物在文字里表现出来，文字对于他，也就成为不是过于雕琢，便是从来还没有雕琢过的石与玉了。

罗丹怎样从生硬的石中雕琢出他生动的雕像，

里尔克便怎样从文字中锻炼他的《新诗》里边的诗。我每逢展开这本《新诗》，便想到巴黎的罗丹博物馆。这集子里多半是咏物诗，其中再也看不见诗人在叙说他自己，书写个人的哀愁；只见万物各自有它自己的世界，共同组成一个真实、严肃、生存着的共和国。

美和丑、善和恶、贵和贱已经不是他取材的标准；他唯一的标准却是：真实与虚伪、生存与游离、严肃与滑稽。他在他的《布里格随笔》里提到波特莱尔的《腐尸》[25]：“你记得波特莱尔的那首不可思议的《腐尸》吗？那是可能的，我现在了解它了。——那是他的使命，在这种恐怖的、表面上只是引人反感的事物里看出存在者，它生存在一切存在者的中间。没有选择和拒绝。——我时常惊讶，我是怎样情愿为了实物放弃我所期待的一切，纵使

25 *Une Charogne*，波特莱尔《恶之花》中的一首诗。

那实物是恶的。”

“选择和拒绝”是许多诗人的态度，我们常听人说，这不是诗的材料，这不能入诗，但是里尔克回答，没有一事一物不能入诗，只要它是真实的存在者；一般人说，诗需要的是情感，但是里尔克说，情感是我们早已有了的，我们需要的是经验：这样的经验，像是佛家弟子，化身万物，尝遍众生的苦恼一般。他在《随笔》里说：“我们必须观看许多城市，观看人和物，我们必须认识动物，我们必须去感觉鸟是怎样飞翔，知道小小的花朵在早晨开放时的姿态。我们必须能够回想：异乡的路途，不期的相遇，逐渐临近的别离；——回想那还不清楚的童年的岁月；——想到儿童的疾病……想到寂静、沉闷的小屋内的白昼和海滨的早晨，想到海的一般，想到许多的海，想到旅途之夜，在这些夜里万籁齐鸣，群星飞舞——可是这还不够，如果这一切都能想得到。我们必须回忆许多爱情的夜，一夜与一夜不同，要记住分娩者痛苦的呼喊和轻轻睡眠着、翕止了的白衣产妇。但是我们还要陪伴过临死的人，坐在死者的身边，在窗子开着的小屋里有些突如其来的声息。……等到它们成为我们身内的血、我们的目光和姿态，无名地和我们自己再也不能区分，那才能以实现，在一个很稀有的时刻有一行诗的第一个字在它们的中心形成，脱颖而出。”这是里尔克的诗的自白，同时他也这样生活着。

关于《布里格随笔》那部奇书的内容，我不能在这里叙述（我希望将来能有另一个机会来讲它）。在《新诗》前后两集相继出版、《随笔》告成了以后，整整十几年，里尔克陷入一种停滞、苦涩、没有创造的状态中，这中间他忍受了那对他是不能担当的、残酷的灭绝人性的世界大战。

经过长时期的沉默，忽然灵感充溢，于一九二二年在几日之内，在瑞士西南部一座从十三世纪遗留下来的古宫中（那古旧的宫墙里只种着玫瑰），一气完成在战前已经开端、经过长期停顿的十首长篇的《杜伊诺哀歌》，同时还附带着写出几十首十四行诗。这时，那《新诗》中一座座的石刻又融汇成汪洋的大海，诗人好似海夜的歌人，独自望着万象的变化，对着无穷无尽的生命之流，发出沉毅的歌声：赞美、赞美、赞美……

这样他完成了他的使命。

就他晚年的诗歌来看，他是可以和辽远的古希腊的宾达[26]列在一起的。但若是读起最近出版的他的书简，我们会感到他和我们比任何一个最亲切的朋友还要亲切。我们会跟随着他到俄国去拜访托尔斯泰，到巴黎谒见罗丹，经过丹麦怀念雅阔布生和基尔克郭尔[27]，在罗马欣赏米霞盎基罗设计的喷水池，随后到埃及和西班牙旅行……最后是在哀歌和十四行诗完成后，他在夜半向他的远方友人发

---

26 Pindar（前522—前446），古希腊抒情诗人；通译品达。

27 Søren Kierkegaard（1813—1855），丹麦哲学家、诗人。

出幸福的高歌。

里尔克是一个稀有的书简家，他一生在行旅中，在寂寞中，无时不和他的朋友们讲着最亲密的话——不但是和他的朋友们，也和许多青年：年轻的母亲、失业的工人、试笔的作家、监狱里的革命者，都爱把他们无处申诉的痛苦写给他，他都诚恳地答复。——几年来，这几册书简每每是我最寂寞、最彷徨时候的伴侣。

冯至

一九三六年十一月

（原载一九三六年十二月十日

上海《新诗》杂志第一卷第三期）

论“山水”

关于古希腊的绘画，我们知道得很少；但这并不会是过于大胆的揣度，它看人正如后来的画家所看的山水一样。在一种伟大的绘画艺术不朽的纪念品陶器画上，周围的景物只不过注出名称（房屋或街道），几乎是缩写，只用字母表明；但裸体的人却是一切，他们像是担有满枝果实的树木，像是盛开的花丛，像是群鸟鸣啭的春天。那时人对待身体，像是耕种一块田地，为它劳作像是为了收获，有它正如据有一片良好的地基，它是直观的、美的，是一幅画图，其中一切的意义，神与兽、生命的感官都按着韵律的顺序运行着。那时，人虽已赓续了千万年，但自己还觉得太新鲜，过于自美，不能超越自身而置自身于不顾。山水不过是：他们走过的那条路，他们跑过的那条道，希腊人的岁月曾在那里消磨过的所有的剧场和舞场；军旅聚集的山谷，冒险离去、年老充满惊奇的回忆而归来的海港；佳节继之以灯烛辉煌、管弦齐奏的良宵，朝神的队伍和神坛畔的游行——这都是“山水”，人在里边生活。但是，那座山若没有人体形的群神居住，那座山岬，若没有矗立起远远入望的石像，以及那山坡牧童从来没有到过。这都是生疏的，——它们不值得一谈。一切都是舞台，在人没有登台用他身体上快乐或悲哀的动作充实这场面的时候，它是空虚的。一切在等待人，人来到什么地方，一切就都退后，把空地让给他。

基督教的艺术失去了这种同身体的关系，并没有因而真实地接近山水；人和物在基督教的艺术中像是字母一般，它们组成有一个句首花体字母的漫长而绘画工妍的文句。人是衣裳，只在地狱里有身体：“山水”也不应该属于尘世。几乎总是这样，它在什么地方可爱，就必须意味着天堂；它什么地方使人恐怖，荒凉冷酷，就算作永远被遗弃的人们放逐的地方。人已经看见它；因为人变得狭窄而透明了，但是以他们的方式仍然这样感受“山水”，把它当作一段短短的暂驻，当作一带蒙着绿草的坟墓，下边连系着地狱，上边展开宏伟的天堂作为万物所愿望的、深邃的、本来的真实。现在因为忽然有了三个地方、三个住所要经常谈到：天堂、尘世、地狱，——于是地狱的判定就成为迫切必要的了，并且人们必须观看它们，描绘它们：在意大利的早期的画师中间产生了这种描画，超越他们本来的目的，达到完美的境界；我们只想一想皮萨城圣陵[28]中的壁画，就会感觉到那时对于“山水”的理解，已经含有一些独立性了。诚然，人还是想指明一个地方，没有更多的用意，但他用这样的诚意与忠心

28 Campo Santo，建于一二七八至一二八三年。

去做，用这样引人入胜的谈锋，甚至像爱者似的叙说那些与尘世，与这本来被人所怀疑而拒绝的尘世相关联的万物——我们现在看来，那种绘画宛如一首对于万物的赞美诗，圣者们也都齐和唱。并且人们所看的万物都很新鲜，甚至在观看之际，就联系着一种不断的惊奇和收获丰富的欢悦。那是自然而然的，人用地赞美天，当他全心渴望要认识天的时候，他就熟识了地。因为最深的虔心像是一种雨：它从地上升发，又总是落在地上，而是田地的福祉。

人这样无意地感到了温暖、幸福和那从牧野、溪涧、花坡，以及从果实满枝、并排着的树木中放射出来的光彩，他如果画那些圣母像，他就用这些宝物像是给她们披上一件氅衣，像是给她们戴上一项冠冕，把“山水”像旗帜似的展开来赞美她们；因为他对于她们还不会备办更为陶醉的庆祝，还不认识能与此相比的忠心：把一切刚刚得到的美都贡献给她们，并且使之与她们溶化。这时再也不想是什么地方，也不想天堂，起始歌咏山水有如圣母的赞诗，它在明亮而清晰的色彩里鸣响。

但同时有一个大的发展：人画山水时，并不意味着是“山水”，却是他自己：山水成为人的情感的寄托，人的欢悦、素朴与虔诚的比喻。它成为艺术了。雷渥那德[29]就这样接受它。他画中的山水都是他最深的体验和智慧的表现，是神秘的自然律含思自鉴的蓝色明镜，是有如“未来”那样伟大而不可思议的远方。雷渥那德最初画人物就像是画他的体验、画他寂寞地参透了的命运、深幽与悲哀，也是一种表现方法。无限广泛地去运用一切艺术，这种特权就赋予这位许多后来者的先驱了；像是用多种的语言，他在各样的艺术中述说他的生命和他生命的进步与辽远。

---

29 Leonardo da Vinci（1452—1519），意大利文艺复兴时期的画家、雕刻家兼建筑家。

还没有人画过一幅“山水”像是《蒙娜·丽萨》深远的背景那样完全是山水，而又如此是个人的声音与自白。仿佛一切的人性都蕴涵在她永远宁静的像中，可是其他一切呈现在人的面前或是超越人的范围以外的事物，都融合在山、树、桥、天、水的神秘的联系里。这样的“山水”不是一种印象的画，不是一个人对于那些静物的看法，它是完成中的自然，变化中的世界，对于人是这样生疏，有如没有足迹的树林在一座未发现的岛上。并且把山水看作是一种远方的和生疏的，一种隔离的和无情的，看它完全在自身内演化，这是必要的，如果它应该是任何一种独立艺术的材料与动因；因为若要使它对于我们的命运能成为一种迎刃而解的比喻，它必须是疏远的，跟我们完全是另一回事。在它崇高的漠然中它必须几乎有敌对的意味，才能用山水中的事物给我们的生存以一种新的解释。

雷渥那德·达·芬奇早已预感着从事山水艺术

的制作，就在这种意义里进行着。它慢慢地从寂寞者的手中制作出来，经过几个世纪。那不得不走的路很长远，因为这并不容易，远远地疏离这个世界，以便不再用本地人偏执的眼光去看它，本地人总爱把他所看到的一切运用在他自己或是他的需要上边。我们知道，人对于周围的事物看得是多么不清楚，常常必得从远方来一个人告诉我们周围的真面目。所以人也必须把万物从自己身边推开，以便后来善于取用较为正确而平静的方式，以稀少的亲切和敬畏的隔离来同它们接近。

因为人对于自然，在不理解的时候，才开始理解它；当人觉得，它是另外的、漠不相关的，也无意容纳我们的时候，人才从自然中走出，寂寞地，从一个寂寞的世界。

若要成为山水艺术家，就必须这样；人不应再物质地去感觉它为我们而含有的意义，却是要对象地看它是一个伟大的现存的真实。

在那我们把人画得伟大的时代，我们曾经这样感受他；但是人却变得飘摇不定，他的像也在变化中不可琢磨了。自然是较为恒久而伟大，其中的一切运动更为宽广，一切静息也更为单纯而寂寞。那是人心中的一个渴望，用它崇高的材料来说自己，像是说一些同样的实体，于是毫无事迹发生的山水画就成立了。人们画出空旷的海、雨日的白屋、无人行走的道路、非常寂寞的流水。激情越来越消失；人们越懂得这种语言，就以更简洁的方法来运用它。人沉潜在万物的伟大的静息中，他感到，它们的存在是怎样在规律中消隐，没有期待，没有急躁。并且在它们中间有动物静默地行走，同它们一样担负着日夜的轮替，都合乎规律。后来有人走入这个环境，作为牧童、作为农夫，或单纯作为一个形体从画的深处显现：那时一切矜夸都离开了他，而我们观看他，他要成为“物”。

在这“山水艺术”生长为一种缓慢的“世界的

山水化”的过程中，有一个辽远的人的发展。这不知不觉从观看与工作中发生的绘画内容告诉我们，在我们时代的中间一个“未来”已经开始了：人不再是在他的同类中保持平衡的伙伴，也不再是那样的人，为了他而有晨昏和远近。他有如一个物置身于万物之中，无限地单独，一切与人的结合都退至共同的深处，那里浸润着一切生长者的根。

马尔特·劳利兹·布里格随笔

（摘译）

我认为，现在因为我学习观看，我必须起始做一些工作。我二十八岁了，等于什么也没有做过。我们数一数：我写过一篇卡尔巴西奥[30]研究，可是很坏；一部叫作《夫妇》的戏剧，用模棱两可的方法证明一些虚伪的事；还写过诗。啊，说到诗：是不会有什么成绩的，如果写得太早了。我们应该一生之久，尽可能那样久地去等待，采集真意与精华，最后或许能够写出十行好诗。因为诗并不像一般人所说是情感（情感人们早就很够了），——诗是经验。为了一首诗我们必须观看许多城市，观看人和物，我们必须认识动物，我们必须去感觉鸟怎样

30 Vittore Carpaccio（1465—1526），意大利画家。

飞翔，知道小小的花朵在早晨开放时的姿态。我们必须能够回想：异乡的路途，不期的相遇，逐渐临近的别离；——回想那还不清楚的童年的岁月；想到父母，如果他们给我们一种欢乐，我们并不理解他们，不得不使他们苦恼（那是一种对于另外一个人的快乐）；想到儿童的疾病，病状离奇地发作，这么多深沉的变化；想到寂静、沉闷的小屋内的白昼和海滨的早晨，想到海的一般，想到许多的海，想到旅途之夜，在这些夜里万籁齐鸣，群星飞舞，——可是这还不够，如果这一切都能想得到。我们必须回忆许多爱情的夜，一夜与一夜不同，要记住分娩者痛苦的呼喊和轻轻睡眠着、翕止了的白衣产妇。

但是我们还要陪伴过临死的人，坐在死者的身边，在窗子开着的小屋里有些突如其来的声息。我们有回忆，也还不够。如果回忆很多，我们必须能够忘记，我们要有大的忍耐力等着它们再来。因为只是回忆还不算数。等到它们成为我们身内的血、我们的目光和姿态，无名地和我们自己再也不能区分，那才能实现，在一个很稀有的时刻有一行诗的第一个字在它们的中心形成，脱颖而出。

但是我的诗都不是这样写成的，所以它们都不是诗。——而且我写我的戏剧时，我是多么错误。我是一个模拟者和愚人吗？为了述说彼此制造不幸的两个人的命运，我就需要一个第三者。我是多么容易陷入这样的阱中。我早就应当知道，这个走遍一切生活和文艺的第三者，这个从来不曾存在过的第三者的幽灵，毫无意义，我们必须拒绝他。他属于这种天性的托词，这天性总在设法不让人们注意它最深处的秘密。他是一扇屏风，屏风后串演着一出戏剧。他是一片喧嚣，在那走入一种真实冲突的无声寂静的门口。人们愿意这样想，只去说剧中主要的两个人，对于大家一向是太难了；这个第三者，正因为他不真实，所以是问题中容易的部分，人人能应付他。在他们戏剧的开端我们就觉察到对于第三者的焦急情绪，他们几乎不能多等一等。他一来到，一切就好了。他若是迟到，那有多么无聊呢，没有他简直什么事也不能发生，一切都停滞着，等待着。那可怎么办呢，如果只停留在这种偃止和延宕的情况下？那可怎么办呢，戏剧家先生，还有你认识生活的观众，那可怎么办呢，如果他不见了，这个讨人喜欢的生活享受者，或是这傲慢的年轻人，他适应在一切夫妇的锁中有如一把假配的钥匙？怎么办呢，假如魔鬼把他带走了？我们这样假设。我们忽然觉察到剧院里许多人为的空虚，它们像是危险的窟窿被堵塞起来，只有虫蛾从包厢的栏边穿过不稳定的空隙。戏剧家们再也不享受他们的别墅区。一切公家的侦探都为他们在僻远的世界去寻找那个不能缺少的人，他是戏剧内容的本身。

可是生活在人间的，不是这些“第三者”，而是两个人，关于这两个人本来有意想不到地那么多的事可以述说，但是一点还不曾说过，虽然他们在苦恼，在动作，而不能自救。

这是可笑的。我在这儿坐在我的小屋里，我，布里格，已经是二十八岁了，没有人知道我这个人。我坐在这里，我是虚无。然而这个虚无开始想了，在五层楼上，一个灰色的巴黎的下午，它得出这样的思想：

这是可能的吗，它想，人们还不曾看见过、认识过、说出过真实的与重要的事物？这是可能的吗，人们已经有了几千年的时间去观看、沉思、记载，而他们让这几千年过去了像是学校里休息的时间，在这时间内吃了一块黄油面包和一个苹果？

是的，这是可能的。

这是可能的吗，人们虽然有许多发明和进步，虽然有文化、宗教和智慧，但还是停滞在生活的表面上？这是可能的吗，人们甚至把这无论如何还算是有些意义的表面也给蒙上一层意想不到地讨厌的布料，使它竟像是夏日假期中沙龙里的家具?

是的，这是可能的。

这是可能的吗，全部世界历史都被误解了? 这是可能的吗，过去是虚假的，因为人们总谈论它的大众，正好像述说许多人的一种合流，而不去说他们所围绕着的个人，因为他是生疏的并且死了?

是的，这是可能的。

这是可能的吗，人们相信，必须补上在他降生前已经发生过的事? 这是可能的吗，必须使每个个人想起：他是从一切的前人那里生成的，所以他知道这些，不应该让另有所知的人们说服?

是的，这是可能的。

这是可能的吗，所有这些人对于不曾有过的过去认识很清楚? 这是可能的吗，一切的真实对于他们等于乌有；他们的生活滑过去，毫无关联，有如一座钟在一间空房里——?

是的，这是可能的。

这是可能的吗，大家关于少女一无所知，可是她们生活着？这是可能的吗，人们说“妇女”“儿童”“男孩”，而不感到（就是受了教育也不感到），这些字早已没有多数，却只是无数的单数？

是的，这是可能的。

这是可能的吗，有些人他们说到“神”，以为那是一些共同的东西？——你看一看两个小学生吧：一个小学生给自己买一把小刀，他的同伴在那天买了同样的一把。一星期后，他们互相拿出这两把刀来看，这两把刀就显得很不相似了，——在不同的手中它们这样不同地发展了。（是的，一个小学生的母亲就说：你们总是立刻把一切都用坏。——）啊，那么：这是可能的吗，相信大家能够有一个神，并不使用他？

是的，这是可能的。

如果这一切都是可能的，纵使只有一种可能的假象，——那么，为了世界中的一切，真该当有一些事情发生了。任何有这些使人感到不安的思想的人必须起始做一些被耽误了的事，纵使只是任何一个完全不适宜的人：这里正好没有旁人。这个年轻的、不关重要的外国人，布里格，将置身于五层楼上，日日夜夜地写：是的，他必须写，这将是一个归宿。

***

我坐着读一个诗人。在（巴黎国家图书馆）大厅里有许多人，可是都感觉不到。他们沉在书里。他们有时在翻书页时动一动，像是睡眠的人在两场梦之间翻一翻身。啊，这有多么好啊，待在读书的人们中间。为什么他们不永远是这样呢？你可以向一个人走去，轻轻地触动他：他毫无感觉。如果你站起来时碰了一下你的邻人，请他原谅，他就向他听见你的声音的那方面点点头，把脸向你一转，却没有看见你，而他的头发好像是睡眠者的头发。这多么舒适。我就坐在这里，我有一个诗人。是怎样的一个命运。现在大厅里大约有三百人在读书；但这是不可能的，他们每个人都有一个诗人。（上帝晓得，他们读的是什么。）不会有三百个诗人。但是看呀，怎样的一个命运，我，也许是这些读者中最可怜的一个，一个外国人：我有一个诗人。虽然我贫穷。虽然我天天穿着的衣服已开始露出几处破绽；虽然我的鞋有几处能使人指责。可是我的领子是洁净的，我的衬衫也洁净，我能够像我这样走过任何一个糖果店，尽可能是在繁华的街道上，还能够用我的手大胆地伸向一个点心碟，去拿一些点心。人们对此也许不会觉得突然，不会骂我，把我赶出去，因为无论如何那是一只上层社会的手，一只天天要洗四五遍的手。是的，指甲里没有泥垢，握笔的手指上没有墨痕，尤其是手腕也无可疵议。穷人们只洗到手腕为止，这是众所周知的事实。人们能够从它的清洁推断出一定的结论。人们也是这样推断的。商店里就是如此。可是有那么几个生存者，例如在圣米色大街[31]和拉辛路[32]，他们不受迷惑，看不起这手腕问题。他们望着我，知道底细。他们知道，我本来是他们中的一个，我不过是串演一些喜剧。这正是化装禁食节。他们不愿戳穿我这个把戏；他们只龇一龇牙，眨一眨眼。也没有人看见。此外他们看待我像是一个老爷。只要有人在附近，他们甚至做出卑躬屈膝的样子。好像我穿着一件皮衣，我的车跟在我的后边。有时我给他们两个小钱，我颤栗着怕他们拒绝接受；但是他们接受了。并且一切都会平安无事，如果他们不再龇一龇牙、眨一眨眼了。这些人都是谁呢？他们要向我要什么呢？他们在等候我吗？他们怎么认识我？那是真的，我的胡子显得有些长了，这完

31 Boulevard Saint-Michel。

32 Rue Racine。

全有一些使人想到他们那生病的、衰老而黯淡的、永远给我留下印象的胡须。但是我就没有权利，对于胡子有点忽略吗？许多忙人都不常刮脸，却也没有人想起，因此就把他们列入被遗弃者的队伍。我明白了，他们是被遗弃者，不只是乞丐；不对，他们本来就不是乞丐，人们必须分清楚。他们是些渣滓，命运吐出来的人的皮壳。他们被命运的唾液濡湿，沾在墙边、路灯下、广告柱旁，或是身后拖着一个阴暗而污秽的痕迹慢慢地从小胡同里溜下来。茫茫宇宙，这个老太婆向我要什么呢？她从某一个窟窿里爬出，手里捧着一个床头几的抽屉，里边乱滚着一些纽扣和针。为什么她总挨着我走，注意我呢？仿佛她要用她流泪的眼来认识我，那双眼好像是一个病人把黄痰唾在这血红的眼皮上。还有那时候那苍白瘦小的女人是怎么回事呢，在一面橱窗前站在我的身旁有一刻钟之久，同时她给我看一支长的旧铅笔，那笔是非常缓慢地从她紧紧握在一起的枯瘦的双手里推动出来的。我做出观看橱窗里陈列的商品、毫无觉察的样子。但是她知道我看见了她，她知道我站着并且思索，她到底干什么。因为我了解，这不是关于铅笔的事：我觉得，这是一个记号，一个对于内行人的记号，一个被遗弃者们所晓得的记号；我预感到，她向我示意，我必须到某个地方去，或者做些什么。最奇怪的是，我总不能摆脱这种感觉：实际上会成为某一种约会，这个记号就是为了这个约会；这一幕根本会成为轮到我身上的一些事。

这是在两星期以前。如今几乎没有一天没有这样的遇合。不只在黄昏时候，就是在中午人烟稠密的街上，也会忽然有一个矮小的男人或是老妇，点点头，给我看一些东西，随后又走开了，好像一切重要的事都做完了。这是可能的，他们有一天会想起，走到我的小屋里来，他们一定知道我住在哪里，并且他们早已安排好，门房不会阻止他们。但是在这里，我的亲爱的人们，你们是闯不过来的。人们必须有一个特殊的阅览证，才能进这个大厅。这张阅览证我已先你们而有了。人们能想象到，我走过大街有些胆怯，但终于站在一个玻璃门前，推开它，好像在家里一样，在第二道门拿出阅览证给人看（完全像你们给我看东西似的，只是有这个区别，人们了解而且懂得我的心意——），于是我置身于这些书中间，脱离了你们，像是死了，我坐着读一个诗人的作品。

你们不知道，这是什么；一个诗人？——魏尔伦[33]……没有啦？想不起来啦？想不起。在你们晓得的诗人中间你们没有把他们区分出来？我知道，你们不懂得区分。但是，我读的是另一个诗人[34]，他不住在巴黎，完全是另一个人。一个诗人，他在山里有一所寂寞的房子。他发出的声音像是净洁的晴

33 Paul Verlaine（1844—1896），法国著名象征派诗人。

34 指耶麦（Francis Jammes，1868—1938），法国诗人和小说家。

空里的一口钟。一个幸福的诗人，他述说他的窗子和他书橱上的玻璃门，它们沉思地照映着可爱的、寂寞的旷远。正是这个诗人，应该是我所要向往的；因为他关于少女知道得这么多，我也知道这样多才好。他知道生活在百年前的少女；她们都死去了，这不关紧要，因为他知道一切。这是首要的事。他说出她们的名字，那些饰着旧式花纹用瘦长的字母写出的轻盈秀丽的名字，还有她们年长的女友们成年的名字，这里已经有一些儿命运在共鸣，一些儿失望和死亡。也许在他的桃花心木书桌的一个格子里存有她们褪色的信简和日记的散页，里边记载着诞辰、夏游、诞辰。或者可能在他寝室后方腹形的抽屉桌有一个抽屉，其中保存着她们早春的衣裳；复活节初次穿过的白色的衣裳；用印染着斑点的轻纱制成、本来是属于那焦急等待着的夏日的衣裳。啊，是怎样一个幸福的命运，在一所祖传房子的寂寞的小屋里，置身于固定安静的物件中间，外边听见嫩绿的园中有最早的山雀的试唱，远方有村钟鸣响。坐在那里，注视一道温暖的午后的阳光，知道往日少女的许多往事，做一个诗人。我想，我也会成为这样一个诗人，若是我能在某一个地方住下，在世界上某一个地方，在许多无人过问的、关闭的别墅中的一所。我也许只用一间屋（在房顶下明亮的那间）。我在那里生活，带着我的旧物、家人的肖像和书籍。我还有一把靠椅、花、狗，以及一根走石路用的坚实的手杖。此外不要别的。一册浅黄象牙色皮装、镶有花形图案的书是不可少的：我该在那书里写。我会写出许多，因为我有许多思想和许多回忆。

但是并没有这样，上帝知道是什么缘故。我的旧家具放在仓库里都腐烂了，而我自己，啊，我的上帝，我的头上没有屋顶，雨落在我的眼里。

里尔克的诗*

* 这里辑录的是冯至所译里尔克诗歌的全部。

秋日

主啊！是时候了。夏日曾经很盛大。
把你的阴影落在日晷上，
让秋风刮过田野。

让最后的果实长得丰满，
再给它们两天南方的气候，
迫使它们成熟，
把最后的甘甜酿入浓酒。

谁这时没有房屋，就不必建筑，
谁这时孤独，就永远孤独，

就醒着，读着，写着长信，

在林阴道上来回

不安地游荡，当着落叶纷飞。

一九〇二年　巴黎

豹

在巴黎植物园

它的目光被那走不完的铁栏
缠得这般疲倦，什么也不能收留。
它好像只有千条的铁栏杆，
千条的铁栏后便没有宇宙。

强韧的脚步迈着柔软的步容，
步容在这极小的圈中旋转，
仿佛力之舞围绕着一个中心，
在中心一个伟大的意志昏眩。

只有时眼帘无声地撩起——
于是有一幅图像浸入，

通过四肢紧张的静寂——

在心中化为乌有。

一九〇三年　巴黎

PIETÀ[35]

耶稣，我又看见你的双足，
当年一个青年的双足，
我战战兢兢脱下鞋来洗濯；
它们在我的头发里迷惑
像荆棘丛中一只白色的野兽。

我看见你从未爱过的肢体
头一次在这爱情的夜里。
我们从来还不曾躺在一起，

35 在西方雕刻绘画中表现耶稣死后他的母亲玛丽亚对耶稣悲痛的情景，叫作PIETÀ（意大利语，有悲悯、虔诚的含义。）这类的作品有时除马利亚和已死的耶稣外，还有其他的人，其中最常见的是马利亚·马格达雷娜（中文《新约》译为“抹大拉的马利亚”）。这首诗写的是马利亚·马格达雷娜对耶稣的热爱。

现在只是被人惊奇，监视。

可是看啊，你的手都已撕裂——：
爱人，不是我咬的，不是我。
你心房洞开，人们能够走入：
这本应该只是我的入口。

现在你疲倦了，你疲倦的嘴
无意于吻我苦痛的嘴——
啊，耶稣，何曾有过我们的时辰？
我二人放射着异彩沉沦。

一九〇六年　巴黎

一个妇女的命运

像是国王在猎场上拿起来
一个酒杯，任何一个酒杯倾饮，——
又像是随后那酒杯的主人
把它放开，收藏，好似它并不存在：

命运也焦渴，也许有时拿动
一个女人在它的口边喝，
随即一个渺小的生活，
怕损坏了她，再也不使用，

放她在小心翼翼的玻璃橱，
在橱内有它许多的珍贵
（或是那些算是珍贵的事物）。

她生疏地在那里像被人借去
简直变成了衰老，盲聩，
再也不珍贵，也永不稀奇。

一九〇六年　巴黎

爱的歌曲

我怎么能制止我的灵魂，让它
不向你的灵魂接触？我怎能让它
越过你向着其他的事物？
啊，我多么愿意把它安放
在阴暗的任何一个遗忘处，
在一个生疏的寂静的地方，
那里不再波动，如果你的深心波动。
可是一切啊，凡是触动你的和我的，
好像拉琴弓把我们拉在一起，
从两根弦里发出一个声响。

我们被拉在什么样的乐器上？

什么样的琴手把我们握在手里？

啊，甜美的歌曲。

一九〇七年　卡卜里[36]

36　Capri，意大利旅游胜地，今译卡普里。

总是一再地

总是一再地，虽然我们认识爱的风景，
认识教堂小墓场刻着它哀悼的名姓，
还有山谷尽头沉默可怕的峡谷；
我们总是一再地两个人走出去
走到古老的树下，我们总是一再地
仰对着天空，卧在花丛里。

一九一四年

啊，朋友们，这并不是新鲜……

啊，朋友们，这并不是新鲜
机械排挤掉我们的手腕。
你们不要让过渡迷惑，
赞美新的人，不久便沉默。

因为全宇宙比一根电缆、
一座高楼，更是新颖无限。
看哪，星辰都是一团旧火，
但是更新的火却在消没。

不要相信，那最长的传递线
已经转动着来日的轮旋。
因为永劫同着永劫交谈。

真正发生的，多于我们的经验。

将来会捉取最辽远的事体

和我们内心的严肃融在一起。

一九二二年　米索[37]

37　Château de Muzot，瑞士谢尔（Sierre）附近的城堡，亦译慕佐古堡。

奥尔弗斯[38]

只有谁在阴影内
也曾奏起琴声，
他才能以感应
传送无穷的赞美。

只有谁曾伴着死者
尝过他们的罂粟，
那最微妙的音素

---

38 Orpheus，古希腊传说中的歌手，他的歌唱和琴声能感化木石禽兽。阴间的女神也被他的音乐感动，允许他死去的妻子重返人世，但约定在回到人世的途中，奥尔弗斯不许回顾他的妻子。奥尔弗斯没有遵守诺言，半路上回头看了看他的妻子，因此他的妻子被护送他们的使者又带到阴间去了。这首诗和后面的《纵使这世界转变……》都选自《致奥尔弗斯的十四行》。

他再不会失落。

倒影在池塘里
也许常模糊不清：
记住这形象。

在阴阳交错的境域
有些声音才能
永久而和畅。

一九二二年　米索

纵使这世界转变……

纵使这世界转变
云体一般地迅速，
一切完成的事件
归根都回到太古。

超乎转变和前进之上，
你歌曲前的歌音
更广阔更自由地飘扬，
神弹他的琴。

苦难没有认清，
爱也没有学成，
远远在死乡的事物

没有揭开了面幕。
唯有大地上的歌声
在颂扬，在庆祝。

一九二二年　米索

啊，诗人，你说，你做什么……

啊，诗人，你说，你做什么？——我赞美。
但是那死亡和奇诡
你怎样担当，怎样承受？——我赞美。
但是那无名的、失名的事物，
诗人，你到底怎样呼唤？——我赞美。
你何处得的权利，在每样衣冠内，
在每个面具下都是真实？——我赞美。
怎么狂暴和寂静都像风雷
与星光似的认识你？——因为我赞美。

一九二一年　米索

致奥尔弗斯的十四行（选译）

上卷第十七首[39]

最底层的始祖，模糊难辨，
那筑造一切的根源，
他们从来没有看见
地下隐藏的源泉。

---

39 在欧洲，一个家族的世系常用树形标志，称为世系树。始祖是最下层的树根，繁衍的子孙是树干上生长的枝条。作者用这个图像，表示他对于一个家族演变的看法。始祖年代久远，无从查考。他的后代有战士，有猎夫，老人留下经验之谈，同族间也常发生纷争，妇女则像是琵琶，弹奏时发出悦耳的声音。子孙后代像错综交叉的枝条，互相牵制，不得自由发展。但是有一枝不断向上伸长，最后自身编成一座古琴。“古琴”象征文艺。“古琴”原文为leier，这个词在诗集中经常出现，它是奥尔弗斯使用的乐器。

冲锋钢盔和猎人的号角，

白发老人的格言，

男人们兄弟交恶，

妇女像琵琶轻弹……

树枝与树枝交错，

没有一枝自由伸长……

有一枝！啊，向上……向上……

但它们还在弯折。

这高枝却在树顶上

弯曲成古琴一座。

上卷第二十首[40]

主啊，你说，我用什么向你奉献，
你教导万物善于听取？——
一个晚间，在俄国——骏马一匹……

这白马独自从村里跑来，
前蹄的上端绑着木桩，

为了夜里在草原上独自存在；

40　作者在诗里呼唤的“主”，不是基督教的上帝，而是用歌声感动禽兽木石、超越生死界限的奥尔弗斯。这首诗主要是一匹马的奔腾给作者留下的永不磨灭的印象。里尔克曾于一九〇〇年五月八日偕同露·沙罗美（Lou Salomé）第二次访问俄国。他在一九二二年二月十一日写给露·沙罗美的信里说：“……那匹马，你知道，那自由的、幸福的马，脚上戴着木桩，有一次在傍晚伏尔加草原上飞跑着向我们跳来——我怎样把它当作给奥尔弗斯的一件Ex voto（供品）！——什么是时间？——什么时候是现在？过了这么多年它向我跳来，以它全身的幸福投入广阔无边的感觉。”从信里可以看出，作者写这首诗时还真实地感受到二十多年前那匹白马在旷野上的奔驰。原诗没有遵守十四行的限制，多了半行，译诗也按照了原诗的形式。

它拳曲的鬣毛在脖颈上

怎样拍击着纵情的节拍，
它被木桩拖绊着奔驰，
骏马的血泉怎样喷射！

它感到旷远，这当然！
它唱，它听，——你的全部传奇
都包括在它的身内。
它这图像，我奉献。

上卷第二十一首[41]

春天回来了。大地
像个女孩读过许多诗篇；
许多，啊，许多……她得到奖励
为了长期学习的辛酸。

她的教师严厉。我们曾喜欢
那老人胡须上的白花。
如今，什么叫绿，什么叫蓝，
我们问：她能，她能回答！

41　作者原注：“这首短小的春歌我可以说是对于一段奇特的舞蹈音乐的解释，这是我在郎达（西班牙南部）一座小的修女堂里早晨做弥撒时从修道院学童那里听到的。学童们总是按照舞蹈的节拍手持三角铁和铃鼓唱着我不懂得的歌曲。”（里尔克曾于一九一二年十二月至次年二月旅居郎达。）
这首诗里把春天回来后的大地比作一个勤学的女孩，她在学校里辛苦的学习正如大地经历了冬天。最后两行的根和干，语义双关，既指经冬的树根和树干，也指枯燥的语法书中的词根和词干。

地有了自由，你幸福的大地，
就跟孩子们游戏。我们要捉你，
快乐的大地。最快活的孩子胜利。

啊，教师教给她多种多样，
在根和长期困苦的干上
刻印着的：她唱，她歌唱！

下卷第四首[42]

这是那个兽，它不曾有过，
他们不知道它，却总是爱——
爱它的行动，它的姿态，它的长脖，
直到那寂静的目光的光彩。

它诚然不存在。却因为爱它，就成为
一个纯净的兽。他们把空间永远抛掉。
可是在那透明、节省下来的空间内
它轻轻地抬起头，它几乎不需要

42 独角兽在欧洲的传说中，有如中国的麒麟。麒麟象征祥瑞，独角兽象征少女的贞洁。作者原注："独角兽有古老的、在中世纪不断被赞颂的少女贞洁的含义：所以被认为，这个不存在者对于人世间只要它出现，就照映在少女给它举着的眼镜中（见十五世纪的壁毯）和少女的身内，这作为一面第二个同样净洁、同样神秘的镜子。"这里所说的"十五世纪的壁毯"系指法国克吕尼博物馆陈列的六幅壁毯，总题《少女与独角兽》，里尔克对此很感兴趣，在他的长篇小说《马尔特·劳利兹·布里格随笔》里做过细致的描述。

存在。他们饲养它不用谷粒，
只永远用它存在的可能。
这可能给这兽如此大的强力，

致使它有一只角生在它的额顶。
它全身洁白向一个少女走来——
照映在眼镜里和她的胸怀。

下卷第六首

玫瑰，你端居首位，对于古人
你是个周缘单薄的花萼。
对于我们你的生存无穷无尽，
却是丰满多瓣的花朵。

你富有，你好像重重衣裹，
裹着一个身体只是裹着光；
你的各个花瓣同时在躲
在摒弃每件的衣裳。

你的芳香几世纪以来
给我们唤来最甜的名称；
忽然它像是荣誉停在天空。

可是，我们不会称呼它，我们猜……

我们从可以呼唤来的时间

求得回忆，回忆转到它的身边。

下卷第八首

你们少数往日童年的游伴
在城市内散在各处的公园：
我们怎样遇合，又羞涩地情投意满，
像羊身上说话的纸片。

我们沉默交谈。我们若有一次喜欢，
这喜欢属于谁？是谁的所有？
它怎样消失在过往行人的中间，
消逝在长年的害怕担忧。

车辆驶过我们周围，漠不关情，
房屋坚固地围绕我们，却是幻境，
什么也不认识我们，万物中什么是真实？

没有。只有球。它们壮丽的弧形。

也不是儿童……但有时走来一个儿童，

啊，他在正在降落的球下消逝。

——《怀念艾贡·封·里尔克[43]》

43 Egon von Rilke (1873—1880) 是里尔克的堂兄，童年夭折，里尔克常常思念他。作者在这首诗里写他童年时的经验。游戏的伴侣们互相遇合，相对无言，但都感到高兴，外界的事物对他们都是生疏的，好像与他们无关。只有他们游戏时抛掷的球是真实的，形成弧形，而他们中间的一个在球正在降落时消逝了。

关于第一节第四行中"说话的纸片"，作者原注解释："羊（在绘画上）只借助于铭语带说话。"中世纪的绘画在人物或生物旁常附有文字说明，成为铭语带。

下卷第十九首[44]

黄金住在任何一处骄纵的银行里，
它跟千万人交往亲密。可是那个
盲目的乞丐，甚至对于十分的铜币
都像失落的地方，像柜下尘封的角落。

在沿街的商店金钱像是在家里，
它用丝绸、石竹花、毛皮乔装打扮。
金钱醒着或是睡着都在呼吸，
他，沉默者，却站在呼吸间歇的瞬间。

---

44 贫穷与困苦，在里尔克的诗歌和散文里常常读到。在《祈祷书》《图像书》《马尔特·劳利兹·布里格随笔》以及后期某些作品中有些篇章和段落不仅描述，而且有时还赞颂贫苦。里尔克观看他那时代的社会，金钱统治一切，产生许多罪恶，因而对于贫穷和困苦有些圣洁之感。所以他说，歌唱者能为贫困代言，有神性的人能听到歌唱。

啊，这永远张开的手，怎能在夜里合攏。
明天命运又来找它，天天让它伸出：
明亮，困苦，无穷无尽地承受摧残。

一个旁观者却最后惊讶地理解还称赞
它长久的持续。只是歌唱者能陈述。
只是神性者能听见。

下卷第二十五首[45]

听，你已经听到最初的耙子
在工作；早春强硬的地上
在屏息无声的寂静里
又有人的节拍。你好像从未品尝

即将到来的时日。那如此常常
已经来过的如今又回来，又像是
新鲜的事物。永远在盼望，
你从来拿不到它。它却拿到了你。

甚至经冬橡树的枯叶

45 这首诗直接描述作者在初春时的感受。春天每年都会来的，但是每次春天的到来，人们都觉得新鲜，好像过去不曾来过。橡树的树叶没有完全凋落，但已有褐色的嫩芽。这里以及第四节的前两行都是用颜色形容初春的景色。最后一行的“时辰”是比拟为一个女性，她走过去，不是变老，而是变得更年轻。
作者原注：这首诗是“上卷第二十一首学童们短小的春歌的对歌”。

傍晚显出一种未来的褐色。
微风时常传送一个信号。

灌木丛发黑。可是成堆的肥料
堆积在洼地上是更饱满的黑色。
每个时辰走过去，变得更年少。